湖の城・舟・湊

琵琶湖が創った近江の歴史

太田浩司

はしがき

長浜市木之本町山梨子は、とても魅力的な集落である。戸数は十戸、人口は三十一人（平成三十年五月一日現在）。集落に山が迫り、前面は湖水が間近に広がる。集落と湖水の間には、わずかに車一台が通れる道しかなく、ここを訪れると前近代の湖岸集落がそのまま残っているような幻想にとらわれる。鎮守の有漏《うろ》神社には船か、湖岸を長靴を履いて歩くしかないというのも、独特の景観と言えよう

当地に「広屋《ひろや》の大石」なる石がある。今は土とコンクリートの上に、五十センチほど顔を出すが、近世には水中にあり琵琶湖の水位を測る基準石となっていた。ヘビ石とも呼ばれたが、土中に埋まり今はその面影がない。かつては、水上から細長くそそり立ち、ヘビが鎌首をもたげたように見えたのだろう。

広屋の大石

当地の横井孫右衛門家に伝来した『年々萬日記《ねんねんよろずにっき》』と呼ばれる村人の日記には、この「広屋の大石」が度々登場する。たとえば、元文三年（一七三八）湖水が大いに上昇し、「広屋の大石」の頭まで水に浸かってしまったとある。明和五年（一七六八）六月の増水では頭が八寸五分のみ残り、安永三年（一七七四）七月の増水では頭が一尺二寸のみ残ったと記されている。いずれも、「広屋の大石」の頭が水面からどれだけ見えたかが、湖水増水の基準値となっている。

このように、湖岸の村々にとって、水位調節がままならぬ近世にあっては、琵琶湖は「生き物」であった。それだけ、自らの生活そのものであり、湖水の状況にも関心があった。近江の歴史を形成したこの湖について、我々は常日頃からもっと関心を寄せるべきなのだろう。その「きっかけ」になればと、六年間に及び本書の基になった連載を綴ってきた。読者の琵琶湖感が少しでも広がれば、本書は役割を果たせたと言えよう。その上で、新たな琵琶湖活用の道筋が生まれれば、望外の喜びである。

なお、各章末に入れたコラムでは、『年々萬日記』に見る琵琶湖の舟運について書いた論考を、いくつかに分けて掲載した。あわせて、近世の琵琶湖舟運の実態を知って欲しい。

平成三十年五月吉日

太田浩司

目次

第三章　戦乱と琵琶湖

第四章　琵琶湖の湊

第五章　琵琶湖の島

第六章　琵琶湖と漁業

〔コラム〕琵琶湖舟運を『年々萬日記』で読む

第一章　水城を歩く

滋賀県の調査によると、近江国には千三百を超える城郭が存在するという。その中で、織豊《しょくほう》時代と呼ばれる戦国時代の終わりには、琵琶湖の湖岸に築かれた水城が多く築かれた。信長自身が建造した安土城も湖岸の城であったが、家臣や一族たちに造らせた坂本城・長浜城・大溝城、いずれも湖岸に立地した。その後も、近江八幡城・大津城は、琵琶湖とは無縁ではあり得ない立地であった。

信長や秀吉が琵琶湖を意識するのは、もちろん湖上交通に魅力を感じたからだ。信長が大船を造り、秀吉は大津百艘船《ひゃくそうせん》を整備したように、二人とも琵琶湖の舟運の大切さを十分認識していたのだ。したがって、この時期において城郭は軍事拠点から、流通拠点と変貌していった。織豊時代の水城の登場は、琵琶湖における湖上交通の本格的幕開けを意味しているとも言える。

長浜城

　長浜城は天正二年（一五七四）に羽柴（後の豊臣）秀吉が築き始めた城である。しかし、琵琶湖北東部に位置するその城跡を今訪ねても、城があったという痕跡《こんせき》は、よほどの知識がある者でない限り見出すことはできない。もっとも、長浜城と呼ばれる復興天守閣は建っている。しかし、これは昭和五十八年にコンクリートで築かれたもの。白亜の展望台は、何も往時のことは語らない。その天守閣の北西に、かつての天守台の岡があり、その南には城跡に残された石が道の両側に低く積まれている。復興天守閣へ登り、琵琶湖の風景を眺めるのも無粋とは言わぬが、真に三十歳半ばだった秀吉の英気に触れたいならば、天守台や石積の方を訪ねた方がいい。

　湖北の戦国大名だった浅井長政が、織田信長に背いたのは、元亀元年（一五七〇）のこと。信長の妹・市を娶《めと》り、織田家と同盟を結んでいた長政であったが、越前朝倉氏を信長が攻めることを知った途端、信長の背後を突く作戦に出た。敦賀で信長を仕留められなかった長政は、姉川で信長と戦うが敗れる。その三年後、居城の小谷城を攻

長浜城天守台下に積まれた石積

撃され、二十九歳の若さで討死した。同時に、湖北を五十年間治めてきた浅井家は滅亡する。

　この一連の信長による浅井攻めで軍功を重ねたのが、木下秀吉であった。主がいなくなった湖北の地を、信長から領地として与えられ、小谷から長浜へと城を移した。姓も羽柴と改める。山上の小谷から琵琶湖に開かれた長浜への移転は、湖上交通に適した地を秀吉が求めたためと言われる。城は、もはや軍事のためのみに築かれるのではなく、領国の中心として、経済性を重視して建造される時代となっていたのである。

　長浜城の歴史は、わずか四〇年にすぎない。今も江戸時代の天守閣が残る彦根城や姫路城は、二五〇年以上の歴史を刻んでいる。それを思えば、あまりにも短い歴史だし、それゆえ、痕跡がわずかなのだ。城の姿を復元するための材料は、これまたあまりにも少ない。その方法は、江戸・明治時代の絵図を使って、縄張と呼ばれる形状を再現する。結果、城は南北一キロ・東西五〇〇メートルにおよび、内堀と二本の外堀に囲まれ、内堀には二つの湊を持った水城であったことがわかってきた。内堀の中には天守閣が建つ本丸と二の丸が、内堀と外堀の間には家臣団の屋敷が、外堀に接しては城下町が広がっていた。城下町は、現在黒壁スクエアなどが点在する市街地である。この構造を読み取る時、城と湖水の切っても切れない関係が浮かび上がる。

前近代において、琵琶湖は重要な交通路だった。現在の滋賀県は、ややもすれば湖水が流通を遮断するが、前近代においては湖水が流通を促進した。船は自動車にも増して、淡海の歴史を大きく動かしてきたのである。その事実を知らない限り、この城の役割を正確にとらえることはできない。秀吉が目指したのは、物流支配だったのだ。

秀吉の長浜城主時代は、わずか七、八年間であった。その後、山内一豊をはじめ四人の城主が、この城に入った。最後の城主である内藤氏は、徳川家の譜代大名。大坂の豊臣家包囲のために、この城に配置された。内藤氏が長浜城を去り、廃城が決したのは大坂の陣で豊臣家が滅亡した元和元年（一六一五）のことである。

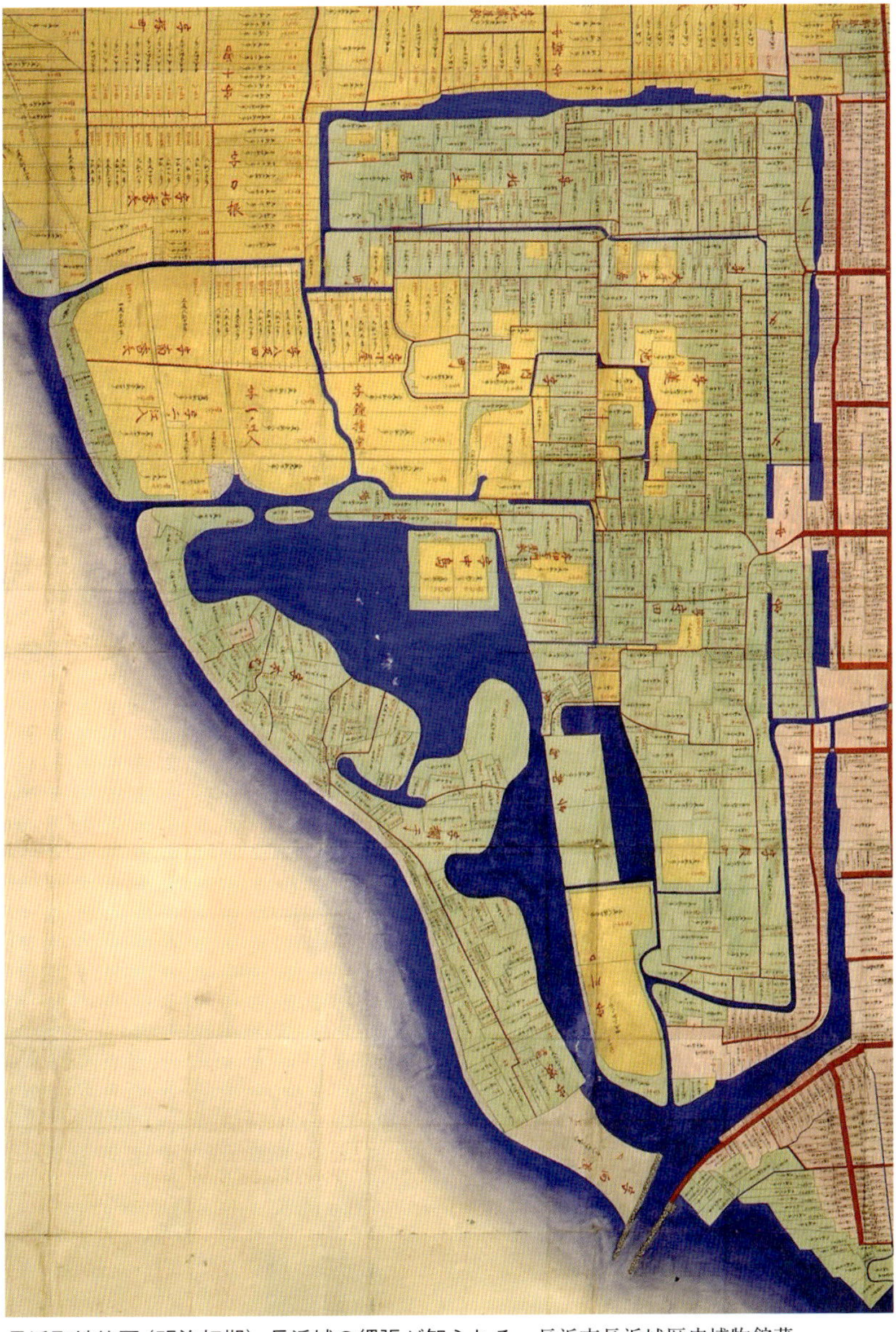

長浜町地籍図（明治初期） 長浜城の縄張が知られる　長浜市長浜城歴史博物館蔵

佐和山城

彦根の城と言えば、国宝彦根城を想起する。その彦根城天守閣の東北約一・五キロに本丸があるのが佐和山城である。この城は、関ヶ原合戦で徳川家康と戦って敗れた石田三成の居城として名高い。本丸跡の標高は、二三二・五メートル。山城ではあるが、探訪のため登るには、適度な高さと言えよう。三成は近江国坂田郡石田村(長浜市石田町)の生まれで、父は浅井長政の家臣だった。浅井氏が滅んでから秀吉に仕え、その奉行として出世するが、小田原攻めの翌年に当たる天正十九年(一五九一)に与えられたのが、この城だった。それから、関ヶ原合戦後に斬首されるまで、十年間にわたって城主をつとめる。

佐和山城にはいくつかの謎がある。その一は、秀吉の側近・三成の城である割には、現存する遺構が貧弱すぎる点だ。土塁は低く、曲輪《くるわ》の輪郭も明瞭ではない。この時代の城郭に多く使われた石垣も、わずかな痕跡しかとどめない。城郭研究家による結論は、関ヶ原合戦後の彦根築城に際して、建物・石垣の多くが彦根城へ移され、佐

佐和山城跡（本丸跡）

和山は徹底的に破壊されたとする。おそらく、それで正しいのだと思う。

もう一つの謎。城の正面は、鳥居本（彦根市鳥居本町）側の東（山側）か、それとも、彦根の市街地がある西（湖側）かという問題である。東側には殿町という谷に、大手の武家屋敷跡と城下町を画する土塁が、今も良好に残っている。内堀跡も川として残り、外堀であった小野川も往時の形状をとどめる。さらに、平成二十一年には大手北の奥ノ谷が発掘され、家臣団屋敷と見られる遺構や、桐紋が入った箱の金具などが発掘されている。翌年には、谷の出口に広がる城下町の発掘が行われ、井戸跡や硯などの生活雑貨が見出された。城下町跡のさらに東には、江戸時代の中山道が走る。この道は、当時の京都から東国へ通じる東山道とみられ、それを扼《やく》する形で、佐和山の城と城下町は構築された。秀吉としては、京・大坂の東の入口を三成に任せ、そこを守備させようとしたのである。

しかし、家臣団屋敷と城下町は、湖に面した城の西側にあったという反対意見も根強い。佐和山の西に食い込む「モチノキ谷」には、三成の屋敷があったという伝承があり、同じく西麓にある清凉寺《せいりょうじ》は、三成の重臣であった島左近の屋敷跡との話もある。彦根城博物館に残された「佐和山古城図」には、西側の麓に武家屋敷や町場、それらを画する門の存在が記されてもいる。さらに、佐和山の西側には、松原内湖が広がっていた。前近代においては、琵琶湖と水路でつながる小さな湖が、内陸側に多数存在した。これを、内湖と呼んだが、近代になって干拓されて、その多くが存在しない。

西側正面の佐和山城を考える時、信長の存在は忘れられない。時代は遡るが元亀二年（一五七一）、この城に籠城していた浅井長政の家臣・磯野員昌《かずまさ》が降伏して、信長がこの城を占拠すると、彼は佐和山を頻繁に利用するようになる。岐阜城主だった信長は、自ら上京するに際して、佐和山を宿所とし、そこから京まで登った。『信長公記』によれば、信長の佐和山泊まりは十三回に及ぶ。天正元年（一五七三）には、ここで長さ三十間（五十四メートル）・幅七間の大型軍艦を造らせ、自らこれに乗り坂本まで至ったという。信長にとって佐和山は琵琶湖の玄関だったたし、彼は湖上交通の有効性を知っていた。この時、佐和山城の正面は西だった。

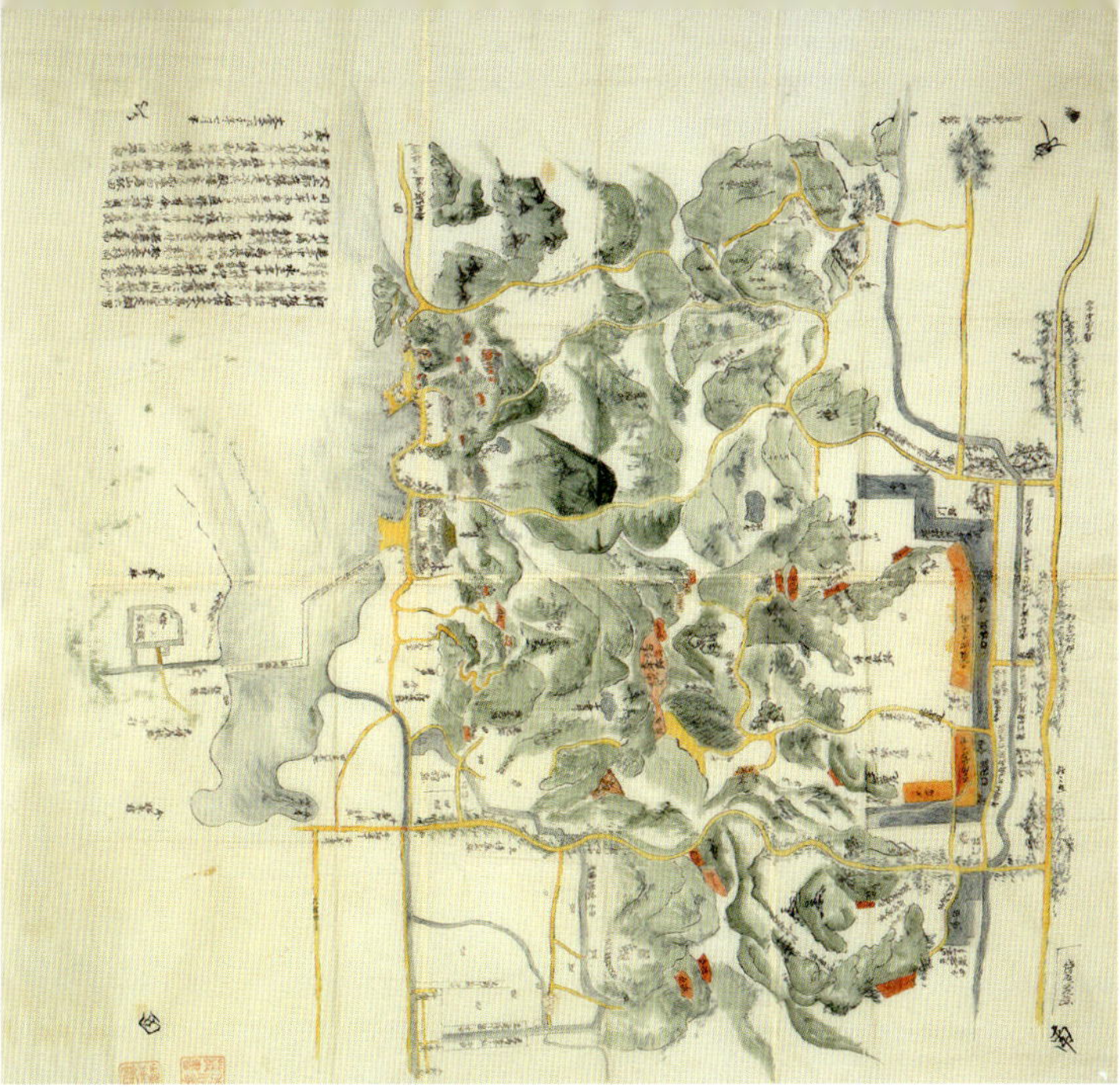

佐和山古城図（文政11年）　彦根城博物館蔵

信長が滅んだ後、佐和山には堀秀政・堀尾吉晴と秀吉の家臣たちが入った。そして、三成が十九万四千石の大名として約十年間城主をつとめる。この時代には、東が正面だったと考えた方がよい。関ヶ原合戦で三成が敗れると、二日後に落城。しかし、城の歴史はまだ続く。家康によって、この地を与えられた井伊直政が、彦根城が出来るまで居城としていた。彦根城が完成して、この城が廃城となるのは慶長九年（一六〇四）のこと。佐和山の本丸に登り、東と西の眺めを比べてみるといい。この城にとって大事なのは、陸の道（街道）か、湖の道（湖上交通）か。そのことに思いを巡らせば、信長の気持ちが見えてくる。

大溝城

現在、高島市勝野に跡地がある大溝城《おおみぞ》は、天正六年（一五七八）に織田信長の甥である織田信澄《のぶずみ》によって、湖西高島郡支配のために築城された水城である。文政七年（一八二四）に著された地誌『鴻溝録《こうこうろく》』によれば、城の設計は明智光秀によるという。信澄は光秀の娘婿という関係であった。もともと大溝には、『万葉集』などに登場する勝野津と呼ばれる湊が存在し、水陸交通の結節点として栄えた。ここに、信澄は新たな城と城下町を建造する。

その構造は明確には復元し得ないが、後世の絵図や発掘調査からすると、琵琶湖の内湖の一つである乙女ヶ池に本丸を突出させ、その南に堀を隔て二ノ丸が鍵型に囲い、西の武家屋敷や町屋側に三ノ丸を配した形をしていたようだ。本丸北も、武家屋敷が続く細長い陸地で堀を隔て鍵型に囲い、さらに北には舟入があり、琵琶湖に面した湊が存在した。

この大溝城の位置や建造には、秀吉の長浜城と同様に、織田信長の大きな意志が働

大溝城天守台跡

いていたと考えられている。確かに、大溝は山が琵琶湖に迫った狭隘な平地が続く湖西にあっては、安曇《あど》川の扇状地がつくる最大の平野にあり、その南端に位置した。また、湖を中心に考えれば、沖島を介して信長の本城・安土とは対称の位置にある。信長が湖西の拠点を、この大溝に求めたのは極めて自然かもしれない。

その信長と信澄の意気込みは、城下町の構造を見ても分かる。大溝城下の町割の基軸は、南に位置する城と武家屋敷に向かって、北から伸びる二本のタテ通りである。江戸時代には、この通りには南から南市本町・中町、新庄本町・中町、今市本町・中町の名がついていた。さらに、町の北部、東西通りの紺屋町を越えた北にも今市新町、新庄新町がつくられた。

『鴻溝録』が記す通り、これらの町名は、高島郡内である南市村（高島市安曇川町内）、新庄村（同市新旭町内）、今市村（同市新旭町内）から、織田家が集めた商人たちが集住した町であろう。特に、南市に中世から商人が集住していたことは、湖東の中世商人史料として著名な「今堀日吉神社文書」

から知られる。新たな城主の織田信澄は、高島郡内の商人を大溝に集結させ、水陸交通の一大拠点とする構想を持っていたと考えられる。

大溝城の魅力は、信長が意図した水城という以外に、もう一つある。それは、江戸時代に分部《わけべ》氏の陣屋・城下町として機能したことだ。信澄が築城した戦国時代の大溝城の終末については諸説あるが、慶長八年（一六〇三）とするのが至当だろう。その後しばらくして、大坂の陣から五年後に当たる元和五年（一六一九）、伊勢国上野城から分部光信が二万石の大名として入封した。伊勢上野城は、現在の三重県津市の北にあった。分部氏は、もともと伊勢国の国人だったが、この湖西の地で幕末まで十二代にわたって存続する。

二万石程度までの小大名が戦国時代・江戸初期からあった城郭を使う場合、かつての城郭全体を使わず、城内で町に近い曲輪に陣屋を構え、藩政を行うのが通例だった。本丸をはじめとする城全体を使用すると、その維持に経費がかかり、小藩では財政的に無理が生じたからだ。そのような例は、近江でも水口城を使った加藤氏（二万五千石）、日野城を使った市橋氏（一万七千石）などの例が知られている。大溝藩もその例にもれず、織田時代の大溝城の一部・三の丸に藩庁や藩主屋敷を構え、その西に「郭内」と呼ばれる長方形の街区を形成し武家屋敷とした。

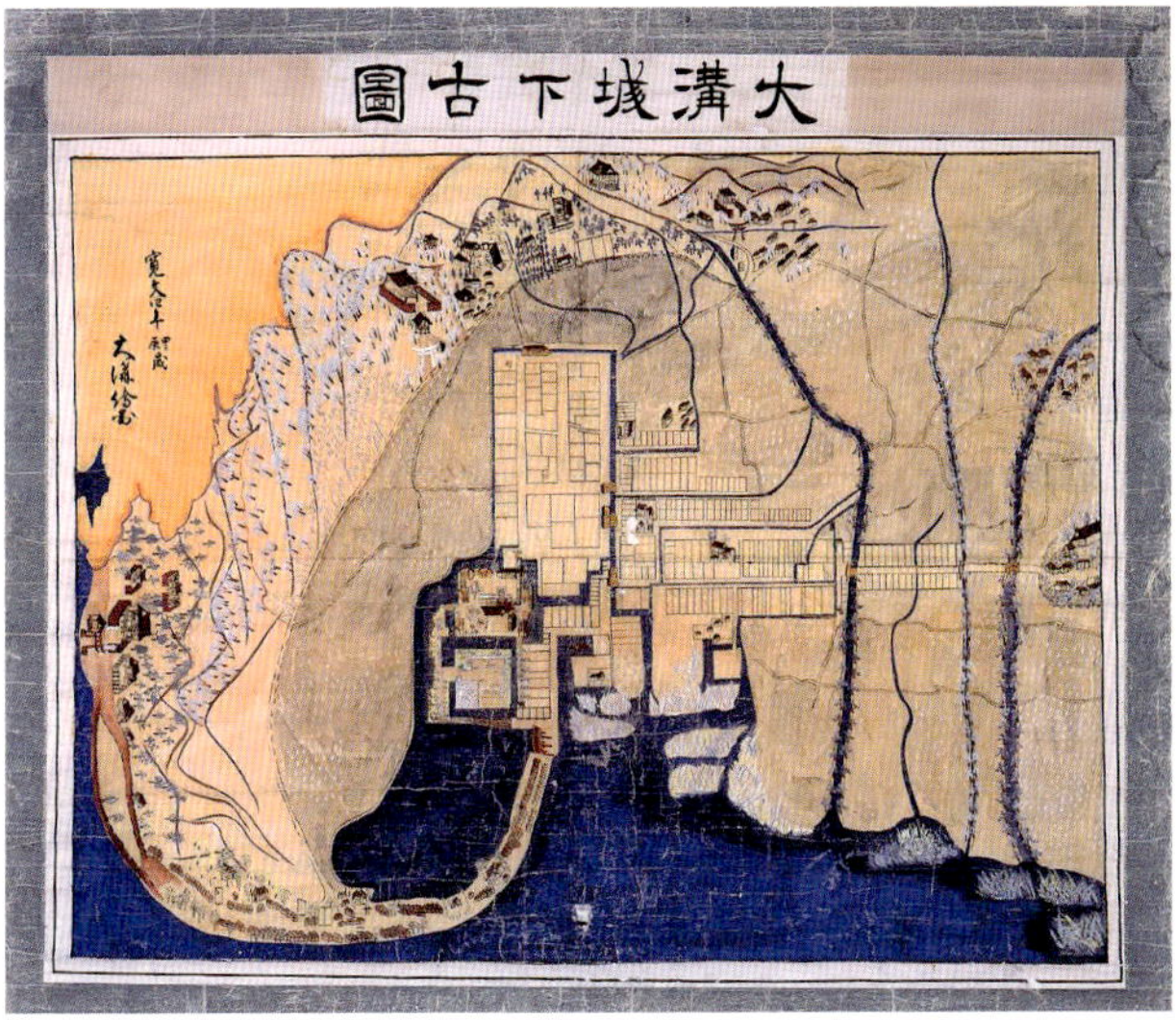

大溝城下古図（寛政４年）　高島市所蔵

一方、かつて本丸北を鍵型に囲った曲輪は、織田時代は武家屋敷であったが、町人に開放し長刀町・六軒町と呼ばれる町屋をつくり、さらに分部氏が伊勢から連れてきた商人を集住させた伊勢町を、町の西側に新造した。町の東側の湊は、織田時代においては武家屋敷に占拠されていたが、江戸時代には船入町・北船入町が出来、町人が住む場所となった。

この町割を見る限り、大溝の町は琵琶湖の舟運と密接に絡んで発達したと推定される。分部氏もその城下の繁栄に支えられながら、藩運営を行ったのだろう。しかし、元禄年間（一六八八～一七〇四）の大溝の丸子船数は六艘で、今津の九十八艘、海津の七十五艘に比べると、まったく勝負にならない。安土の信長という巨大な背景を失った江戸時代の大溝は、加賀金沢藩領となった今津や、同藩領や大和郡山藩領となった海津など、国外の大藩に支配された湊に、湖西での流通拠点の地位を譲らざるを得なかった。

大津城

慶長五年（一六〇〇）九月十五日の関ケ原合戦の直前、九月三日の大津城は、緊張の一日を迎えた。当時の大津城主は、宇多源氏で近江守護家の流れを汲む名門大名京極高次であった。高次は前月、石田三成の西軍に応じ、二千の兵を率いて東軍に与《くみ》する加賀国の前田家攻めに向かった。しかし、九月二日、北国からの帰途にあたる近江国伊香《いか》郡東野（長浜市余呉町東野）から、美濃国関ケ原方面へ至る経路を外れ、湖水を渡り大津に戻り、九月三日の明け方、大津城に入った。そして、三成の西軍から、徳川家康の東軍に転じ籠城を始めるのである。関ケ原合戦の当日まで続いた、十七日間に及ぶ大津城攻防戦の始まりである。

九月六日には、攻め来たる西軍に備えるため、高次は大津の町を自ら焼き払っている。攻め手の軍勢が身を潜める場所をなくすためである。この日、西軍の毛利元康軍が逢坂山《おうさかやま》を越えて大津城へ押し寄せた。さらに、「無双の勇将」として知られた立花宗茂軍も瀬田方面から乱入してくる。翌七日には、七手組《しちてぐみ》と呼ばれる秀頼親衛軍も攻城軍に加わり、十二・三日からは大津城を見下ろす長等《ながら》山から、大筒が城内に撃ち込

大津城の石垣　田中宗太郎氏撮影（昭和11年）　大津市歴史博物館提供

まれる。城中にいた高次の妹で、秀吉の側室として知られる「松の丸」は、女中二人が弾《たま》に当たって即死したのを見て、卒倒したと記録にある。十三日には西軍は総堀を埋め始め、三の丸から二の丸まで攻め込み、本丸鉄門の前まで至った。すなわち、残るは本丸のみとなったのである。

　翌十四日、西軍の和議の使者として新庄直忠や高野山の僧・木食応其《もくじきおうご》らが城内に入り、さらに北政所や淀殿の使者も城に来て降伏の説得を続けた。この時、城内には「松の丸」はもとより、淀殿の妹に当たり、京極高次の正室である「初」も籠城していた。北政所や淀殿が、城中を気遣うのは彼女らの安否を気遣ってのことである。

　高次は和議を最初は拒絶する。しかし、十五日になって受諾し城を出た。その後、剃髪して高野山に入り謹慎する。関ケ原合戦に勝利した家康は、城を堅固に守り、大津攻城に向かった西軍の一部を、釘づけにした功績を高く評価。高次へ三万石余の加増を行い、城地を変え、若狭国小浜九万二千石余を与えている。

この大津城は、現在の大津港から京阪電鉄の浜大津駅付近に本丸があった。今は大津港の入口に、城跡を示す石碑がある。この本丸をコの字型に、二の丸・三の丸が囲い、さらにその南側に城下町が展開した。二の丸・三の丸、それに城下町は、現在の大津市の市街地に相当する。本丸の北側は湖に面していた。高次の家臣たちが、籠城後の十月八日、大津百艘船（船主たちの組合）に宛てた書状によれば、高次は北国からの帰還に際しても、大津の船三艘を準備させたとある。高次はこの時、湖から直接本丸に入った可能性が高い。また、同じ文書からは、大津攻防戦中においても、高次は大津の船主たちへ城内待機を命じていたことが読み取れる。本丸に居た高次にとって、湖がこの城の入口であり、湖上の船は馬や輿《こし》に代わるものであった。

大津城の築城は、天正十四年（一五八六）から翌年と言われる。そして、慶長五年（一六〇〇）の関ケ原合戦時の籠城戦が終わった後、城は東の膳所《ぜぜ》に移され、大津城はその使命を終えた。城の移転は、長等山に置かれた大筒の射程距離にあるという先の教訓からであった。このように、大津城の歴史はわずか十五年ほどであったので、今の大津市街地には驚くほどその痕跡がない。城の遺構としては、中央一丁目の大津祭曳山展示館後の段差が、外堀に関わるものと推定されている。それも、段差に積まれた石垣は後世のもの。段差のみが大津城の外堀の遺構だと言われる。

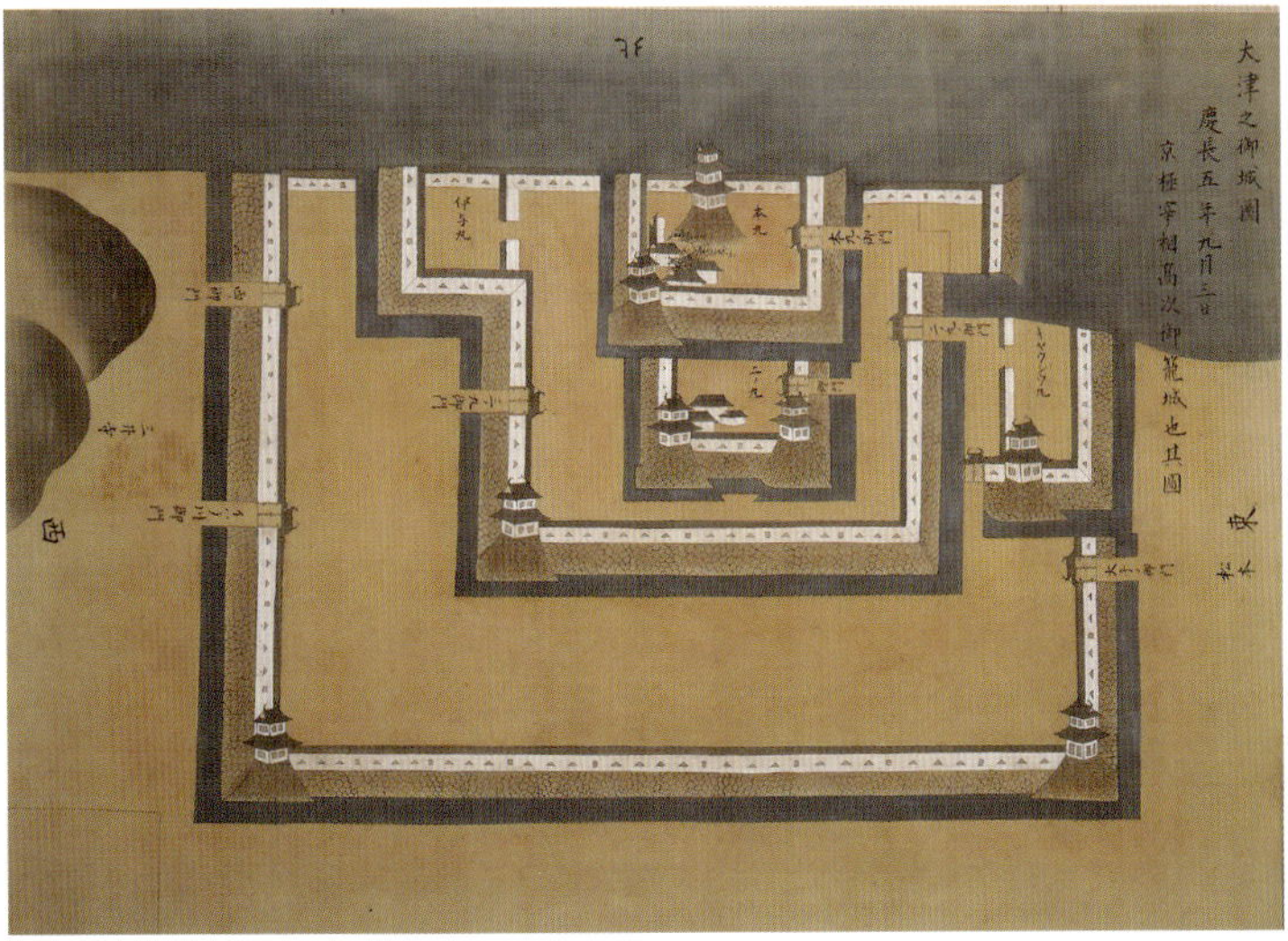

京極高次籠城大津城絵図　丸亀市立資料館蔵

ただ、大津城の遺構として確実なものが一つある。それは、国宝彦根城天守閣だ。この建物は、攻城に際して終に落ちなかった「目出度殿《めでたき》守(天守)」として、井伊家によって関ケ原合戦後、彦根へ移された。昭和三十二年に行われた彦根城の解体修理では、その部材に『井伊家年譜』に登場する大工名が記されていることが分かり、大津城天守が彦根に移されと記す同書の信憑性が高まった。また、修理時の調査によると、現在の三層三階と相違し、大津城時代は四層五階の望楼型天守であったことも分かった。

大津の水城に建造された天守閣は、彦根山上に再生され現存する。土台の高さこそ違うものの、この天守閣は彦根に行ってからも湖水を臨む位置に建っている。近江の城にとって、琵琶湖はよきパートナーだったと言える。

琵琶湖舟運研究の経緯

琵琶湖の舟運に関しての研究は、中村直勝著『琵琶湖の航路』（『歴史地理』二九―二・三・四 一九一七年）などによる中世の航路についての論稿を皮切りに、喜多村俊夫が各浦の舟数、後背地との経済的な関係、堅田の舟仲間についてなどに触れて『近江経済史論攷《ろんこう》』（大雅堂 一九四六年）をまとめるなど、戦前から活発に展開されてきた。戦後においてしばらくは、新しい研究はみられなかったが、木村至宏《よしひろ》氏による近世舟運をまとめた「琵琶湖の舟運」『江戸時代図誌』十七―畿内一（筑摩書房一九七七年）や、『新修大津市史』の編纂による成果が公表され、大津百艘船や船奉行をめぐる、琵琶湖舟運の全貌が明らかになった。

その後も、萩原龍夫氏による大浦の繋留権＝船浦についての「湖北大浦の船浦争論」上・下（『近江地方史研究』一七・一八 一九八三年）や、藤原千英子氏による大津・堅田をはじめとする船大工組織についての「琵琶湖の船大工について」（『近江地方史研究』二六 一九九一年）も発表され、研究の深化がなされている。筆者も、かつて琵琶湖における漁撈《ぎょろう》と船運に関する展覧会を企画したことがあり、その成果は『特別展　みずうみに生きる―琵琶湖の漁撈と舟運』（市立長浜城歴史博物館一九八九年）にまとめた。また、大津市歴史博物館で『琵琶湖の船』と題する企画展が行われ、考古遺物から蒸気船の時代に至るまでの資料が一堂に会しており、『企画展　琵琶湖の船―丸木船から蒸気船へ―』（大津市歴史博物館　一九九三年）も作成されている。この他、東幸代、杉江進、母利美和、用田政晴各氏の論考も見逃せないが、巻末の「主な参考文献」を参照されたい。

しかし、これまでの研究は、幕府及び彦根藩との関係や、大津と彦根三湊の争論・裁判に関することなど、扱われる内容は政治的、もしくは船舶運行にかかわる制度的な面のみであった。これに対し、木之本町山梨子の『年々萬日記』は、その私用日記としての性格から、先学の研究に主に使われてきた公的な文書には現れない、多様でより日常的な琵琶湖舟運の様相を描いている。特に、ほとんど研究がない、琵琶湖での難船処理や、船上でのトラブルについて記すところがあるのは興味深い。

本書の連続コラムでは、この『年々萬日記』の中から、舟運に関する記事を抽出し、それに若干の解説を付して、人々の暮しの記録を本文に織りまぜることにする。

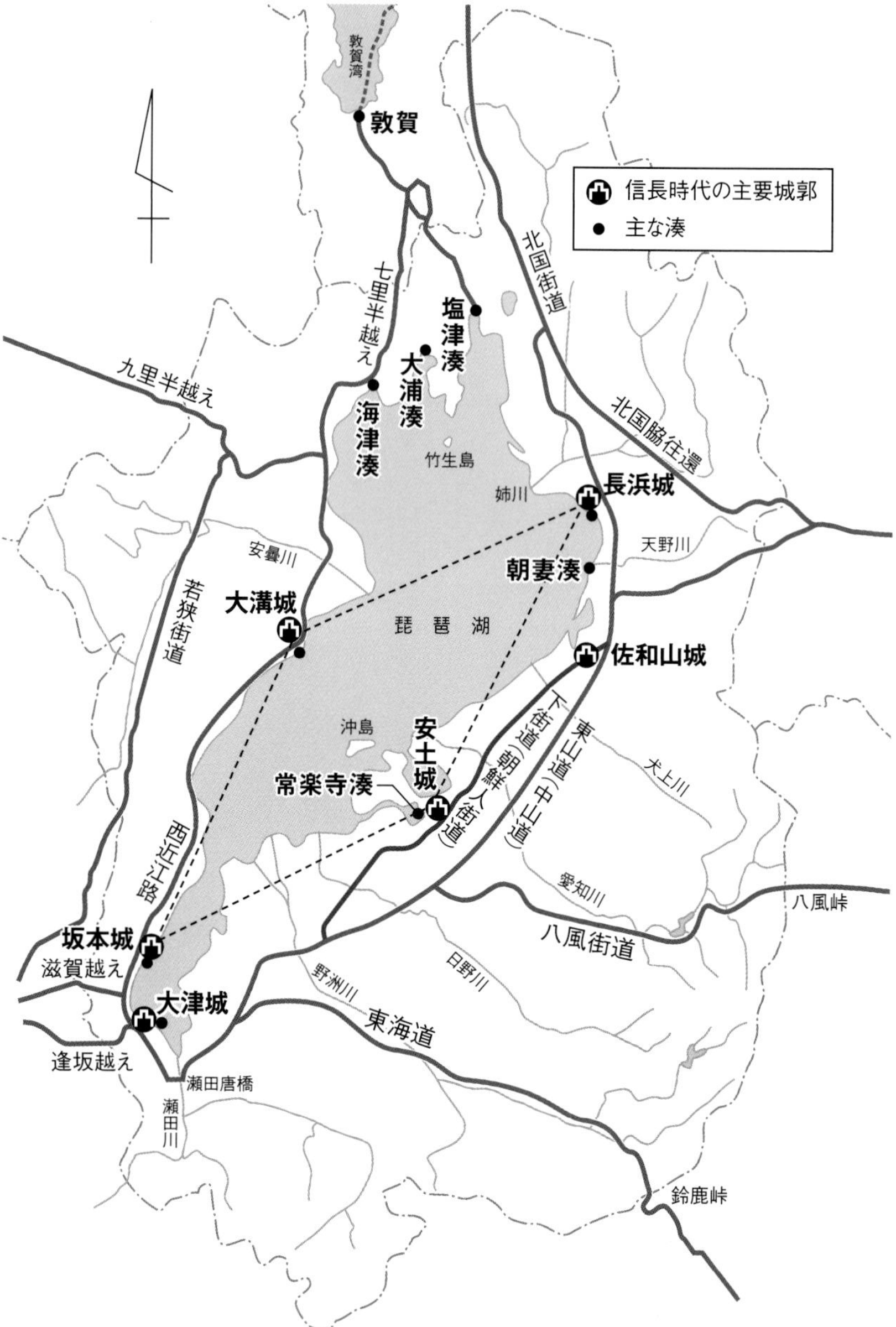

信長・秀吉の近江における主要城郭配置図

（図：中井均氏による図を修正）

第二章 琵琶湖の舟運

琵琶湖には古代から、現代に至るまで船は欠かせない。発見される古代の船は、丸太をくり抜いた丸木船である。そして、中世の絵巻などからは構造船や準構造船と呼ばれる部材を組み合わせた船が登場する。そして、近世に琵琶湖舟運の「華」として活躍するのが丸子船だ。最近、この丸子船は丸船とも呼ばれていたことが分かった。

琵琶湖は、今も河川法上は一級河川と認識しているように、日本最大の運河でもある。その役割は、塩津湊などの北湖から大津へ至り、畿内と北国を水路で繋ぎ、貨客を運ぶものだった。他に類例がない大きさを持つ運河を行く丸子船は、湖沼を行くが故に海船とは違う特殊な構造を持つ「固有種」として発展した。この独自な形状と技術を生み出した近江の文化は、我々はもっと誇るべきものだろうと思う。日本で琵琶湖にしかない船・丸子船は、もっと有名になってもいいと思う。

塩津港遺跡

現在、琵琶湖の舟運は、竹生島遊覧などの観光でしか利用されていない。しかし、前近代においては、北陸・東海地方から、荷物や旅人を京都や大坂に運ぶ流通の大動脈であった。このように運河としての琵琶湖を見ると、塩津（長浜市西浅井町）から大津・堅田に至る南北航路が幹線となる。その中で、塩津は琵琶湖の最北部にあたり、『万葉集』にも、古代の旅人が残した数首が載せられる。さらに、平安時代の『延喜式《えんぎしき》』には、北国荷の塩津から大津への船賃が、一石につき二升と定められた。近世に至り、琵琶湖には丸子船と呼ばれる船が発達したが、元禄年間（一六八八〜一七〇四）における船籍数は、大津の八十四艘などに比して、塩津の百十五艘は他を圧倒し、琵琶湖最大の港だった。

この塩津港の旧地において、平成十八年から二十年に至り、日本史を覆すような発掘調査があった。港跡のすぐ西側を流れる大川の改修工事にともなうもので、平安後期（十一〜十二世紀）の神社跡が見つかったのだ。神社が機能していたのは、平清盛が

塩津港遺跡出土の船形模型　滋賀県教育委員会提供

全盛を極めていた頃に当る。現在の地表面からは、二メートルほど下の遺構で、神社は約五十メートル四方の施設と確認された。二期にわたる神殿跡、それに拝殿跡、鳥居の根本部分、神泉、堀跡が見つかり、後述する起請木簡をはじめ、舟形、桧扇《ひおうぎ》、弊《へい》串《ぐし》、墨書土器、神像などが発掘された。

この神社、名前は「五所大明神」と言ったらしい。後述する起請木簡に勧請された地元神として、必ず「五所大明神」が登場するからだ。さらに、神殿北側から見つかった男神・女神像は都合五体。「五所大明神」は五座の神を指すから、出土した神像ときれいに数が一致する。土中から現われた弊串などが如実に示すように、ここは呪術の場であり、様々な祈りや裁きが行なわれた。それは港に接した立地や、発掘された舟形に象徴されるように、琵琶湖の舟運に関する内容だろう。

出土品中の白眉は、何と言っても起請木簡である。神社の南側堀から大量に出土したもので、破片を含めると三百にも及ぶという。その中で完形品は十ほどで、いずれも一メートル三十センチ以上で、最大のものは二メートル二十センチもある。木簡に書かれた起請文には、保延三年（一一三七）から建久二年（一一九一）までの年号が確かめられた。起請文とは神に誓約する文章の意味。紙ではなく木に書かれた起請文は、今回の発掘資料が日本で唯一である。また、これまで知られていた最古の起請文は久安四年（一一四八）だから、塩津港の木簡は起請文の歴史も遡らせた。では、古代の塩津の人々は、何を神に誓ったのだろうか。

書かれた起請文の内容を列記すると「菅原有貞ほか二人は盗人であると噂を立てられているが事実無根である」、「三川安行は米を盗んでいない」、「又安以下五人は領主に備える米を一升も盗んでいない」など、いずれも自らにかけられた疑惑を神に誓って否定している。おそらく、この神社では容疑者への神裁が行なわれたのであろう。それに先だって容疑者が神に無実を誓ったのが、この木簡であると見られる。神裁は熱湯の中に手を入れ、火傷《やけど》の具合で虚実を判断する湯起請などが想定されよう。誓いが虚偽であれば起請文に違えたという理由で神罰が下るという理屈である。

起請木簡の内容で、他と異なり目を引くのは「草部行元は請け負った荷物のうち魚一巻も失うことはありません」と誓ったもの。船での運送を請け負った草部は、事故なく荷物を目的地に届けると誓っている。これは、海難事故ならぬ湖難事故の責任が、船主にあるか荷主にあるかという、貨物の補償制度に関わる記述として注目できる。江戸時代の湖難事故では、船主の責任が問われることはなかった。しかし、ここでは船主の輸送責任を明確にしている点、近世と古代の相違と理解すべきだろう。

　実は、平成二十四年にも、国道八号塩津バイパス建設にともなう工事が行なわれ、神社遺跡から東へ二百メートル程行った湖岸から、港に突き出た桟橋状の遺構が発掘された。そこからは、「皇后宮御封米／代十石　栗毛母馬」と記されたスギ材で、縦八センチほどの木簡も発見された。皇后宮に収める米の代わりとして、栗毛の馬が税金として納入されたことが分かる。馬につけた荷札（絵符《えふ》）が落下し、それが現在に発掘されたものだろう。

　古代の塩津港に蔓延した物損への恐れ、落とされた荷札。これらは、塩津港が貨客の集散基地だからこそ起きた現象である。今は喧噪から程遠い塩津港からの出土物は、琵琶湖舟運がもたらした繁栄の証と言えよう。

塩津港遺跡 調査地全景　滋賀県教育委員会提供

信長の大船

織田信長の最も信頼がおける伝記である『信長公記』によれば、元亀四年（一五七三）五月二十二日、織田信長はその居城・岐阜から、近江浅井氏攻めの中で奪取した佐和山城（彦根市）に移り、琵琶湖で大船を建造し始めた。浅井氏攻めも最終段階を迎え、その年の九月には小谷城を総攻撃、滅亡に追いやった頃の話である。多賀や山田（佐和山の東南麓を指す）で伐採した材木を、佐和山の西麓に当たる松原内湖に集めた上、近江国中の鍛冶・大工を佐和山に集結させての建造であった。多賀からの材木の切り出しには、芹川《せりがわ》の舟運が使用された。大工の棟梁には、後に安土城を建造することになる尾張国出身の岡部又右衛門が就いている。

船の長さは三十間というから約五十四メートル、幅七間は十二・六メートルで、現在琵琶湖で活躍する外輪船・ミシガンの大きさにほぼ匹敵する。江戸時代に琵琶湖で活躍した標準的な丸子船の船長が、約十七メートル程度であったから、この大船が途轍もないものだったことが分かるだろう。櫓百挺で船を動かしたとあり、舳《へ》先（船首）

明治時代の松原内湖　彦根市立図書館提供

と艪《ろ》（船尾）に矢倉が二棟建てられていた。「丈夫に致す」、すなわち堅牢に仕立てられたその船体は、正しく湖上の城であったと推定され、七月五日に完成している。この大船にして、その建造日数は、一ヶ月と十日余り。「事も生便敷（おびただしき）大船上下耳目を驚かす」と『信長公記』が記すのも納得できる。

この船を使って、信長は竣工翌日の七月六日、山城国槙島《まきしま》城（宇治市）に籠城・敵対する、将軍足利義昭を攻撃するため坂本（大津市）へ渡っている。さらに、七月二十七日には、浅井氏の拠点となっていた高島郡内の湖岸を、この船をもって攻撃する。その後、安土城を居城とした信長は、琵琶湖を船で頻繁に行き来しているが、この大船が使用されることはなかった。それどころか、天正四年（一五七六）冬には、堅田の猪飼甚介に命じて解体し、早舟十艘に造り替えている。大船はわずか四年間の生命。その使用も坂本行きと、高島攻めのわずか二回しか、『信長公記』には記述されていない。

滋賀県文化財保護協会の横田洋三氏は、この信長の大船の復元に取り組み、その推定復元模型を完成させた。横田氏は工期が非常に短かったことから、建物大工であった岡部又右衛門が船大工の技術を学ぶ時間がなかったと推定、城郭を船に仕立てた直線的で船底が平らな模型を制作した。建物大工は柱や梁などの骨組みを基本に構造物を造るが、船大工は骨組みを持たす、板を曲げて応力を発生させながら強度を増す手法をとる。通常の船舶のカーブは、骨組み構造を基本としない船大工だからなし得るもの。したがって、信長の大船には波を切る曲線の技法がなく、帆船の機能も持たない湖上に浮かぶ「巨大な建築」で、船としての機能性はまったくなかったとする。

一方、琵琶湖博物館の用田正晴氏は「喫水が浅く、浮力を稼げる船が琵琶湖の船の必要条件」であり、信長の大船はこの要件を満たさなかったので、早舟に解体されたのだと述べる。琵琶湖は淡水なので、浮力のある海よりも、船舶の積載量は約二割減るという。また、重要な湊が多い南湖では、現在でも平均深度四メートルと非常に湖底が浅く、喫水が深い船は船底がつき役に立たない。尾張生まれの岡部又右衛門が、短期間にここまでの琵琶湖の知識を呑み込めたとは思えず、船としては不良品を造っ

信長の大船復元模型　滋賀県立安土城考古博物館所蔵

てしまったのだろう。おそらく、上部の構造物の重みがかかり、浮力を増す工夫も施されない中、喫水が深い船が完成した。松原内湖から出て、北湖はかろうじて航行できたものの、南湖に至って大船の運航は困難を極めたと推察される。

江戸時代の琵琶湖には、丸太を半切して舷側《げんそく》に取り付けたオモギによって浮力を増し、舳先の斜め材・ヘイタによって船首の傾斜を緩め、推進力が増加するように工夫された丸子船と呼ばれる、和船の「固有種」が活躍した。信長の大船建造の目的は、安土築城を前にして、その権威を近江の人々に見せつける、デモンストレーションに過ぎなかったのだろう。極論すれば、この大船は動かなくてもよく、四年にして解体したのは、信長にとってその目的を達したと判断したからだ。「戦う城」よりも「見せる城」を目指した信長としては、自らの権威を示す安土城の「前触れ」として、この大船を建造したのであった。

丸子船

琵琶湖には、鮒寿司の食材として有名なニゴロブナなど「魚の固有種」（その地域のみで生息する動植物）が生息するが、江戸時代に琵琶湖で使われた「丸子船」も、「船の固有種」であった。つまり、江戸時代の和船の代表で、日本海の北前船として使われた弁才船《べざいせん》（千石船）とは、まったく異なる独自の形態をしていたのだ。また、「丸子船」は彦根藩領での呼び方で、徳川幕府管轄下の船は、同じ形状をしていても「丸船」と呼ばれたことが最近分かった。

琵琶湖は日本海や太平洋と異なり、遠浅で湖底も浅かった。琵琶湖の湊の中には、塩津湊や長浜湊のように、町に入り込む川そのものが湊という所もあった。弁才船は海底が深い外洋を航行するため、船底の断面が富士山を逆さにしたような形をしていた。楔《くさび》のように海面を深く切り込んで進まないと、風や波によって転覆する恐れがある。しかし、琵琶湖の船は、浅い湖底の中を進み、川にも入る必要があったので、船底を尖らせることが出来なかった。そこで生まれたのが、船底の断面を丸くした「丸子船」・「丸船」である。その名称も船底の形から来ている。

　そもそも琵琶湖の淡水は海水よりも浮力が二割落ちるという。湖底につかないよう喫水線を浅くし、なおかつ浮力が少なくても転覆せずに航行できるための工夫が琵琶湖の船には求められた。その最大の特徴は、舷側(船の側面)に杉の丸太を半裁して取り付けたオモギである。これは、丸太を取り付けることで、船の浮力を上げるという効果があった。さらに、琵琶湖の湊は狭い。船がひしめき合って停泊する状況があった。このオモギは、船同士がぶつかっても破損しないようにするための緩衝材(バンパー)でもあったと考えられる。また、オモギの下からシキと呼ばれる船底に向かって、斜めに取り付けたフリカケ(振掛)という材も「丸子船」を特徴づけるもので、船断面を丸く仕上げる重要な要素となる。

　舳先を飾る斜めに板を接ぎ合わせたヘイタ(舳板)や、それを繋げるダテカスガイ(伊達鎹)など

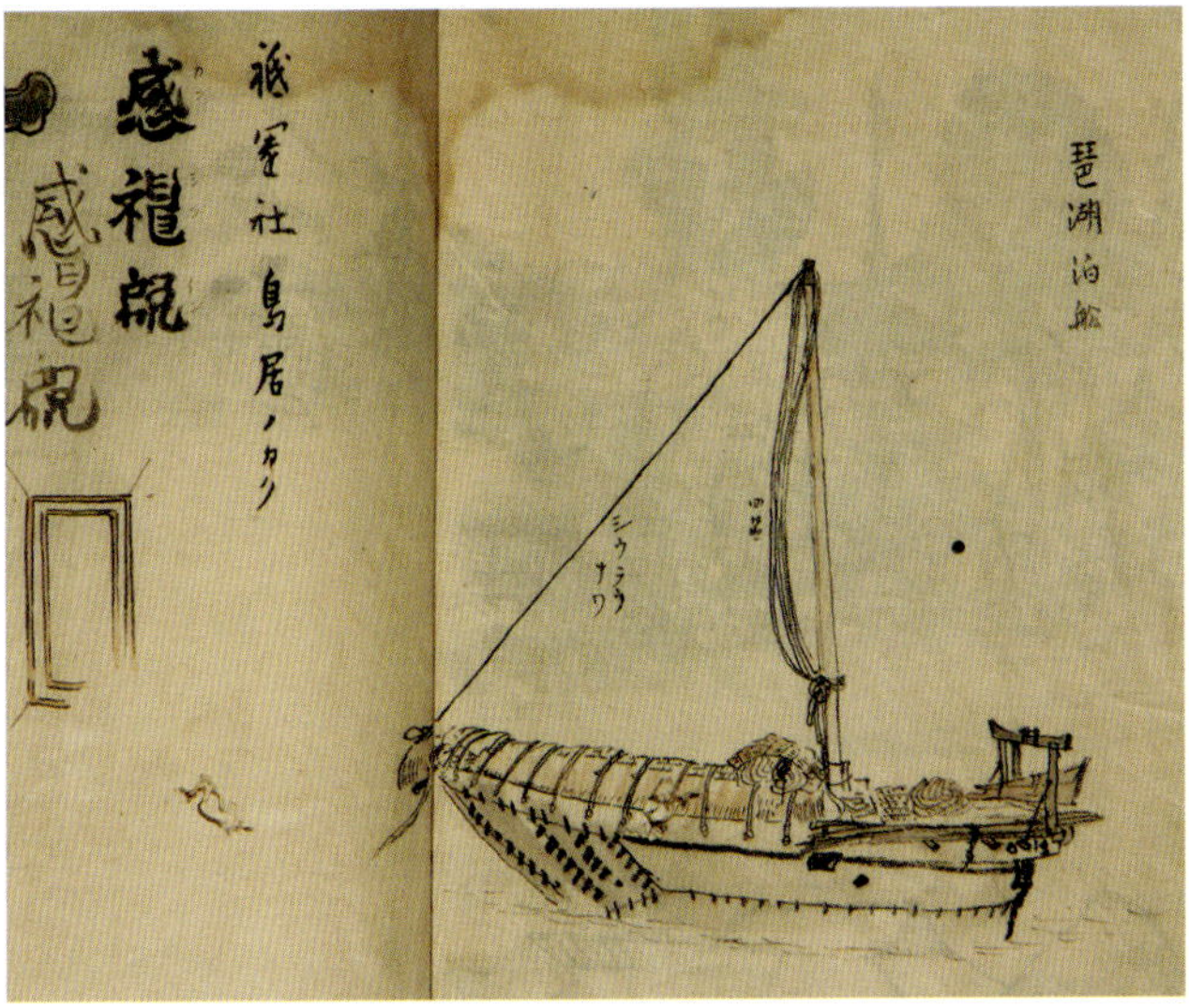

琵湖泊船図(丸子船図)中川雲屏画　長浜市長浜城歴史博物館蔵

は、「丸子船」に限らず琵琶湖の伝統的な木造船に、ほぼ共通する形状である。通常の船材は横に使われるのに対して、斜めにして縦方向に使う材を舳先に用いることで、船首の平面を三角形に仕上げ易くし、舳先正面につけたシンの傾斜を、側面から見て深くすることが可能になる。船首の平面が三角で、舳先側面の傾斜が深ければ、波の抵抗が少なくスムーズな航行が可能となる。

江戸時代の琵琶湖における船数は、中期で五千七百艘余りというデータが残るが、この内「丸子船」は千三百艘を超えたという。「丸子船」は、通常四百石積から五十石積まであり、標準は百石積であった。現存する「丸子船」はわずかに二つ。一つは長浜市西浅井町大浦にある「北淡海・丸子船の館」に屋内展示されており、もう一つは同じく西浅井町塩津浜にある道の駅「あぢかまの里」に屋外展示されている。いずれも百石積で、その長さは十七メートルに及ぶ。さらに、草津市にある滋賀県立琵琶湖博物館の展示室にも、「丸子船」が一艘展示されている。この船は同館の開館に合わせて、平成四年から三年間かけて新造されたもの。琵琶湖の船の伝統を伝える大工親子によって、実に五十年ぶりに建造された。

琵琶湖には元禄年間（一六八八～一七〇四）に、五十を超える湊があったと伝えるが、その中で最も隆盛を極めたのは、塩津湊・今津湊と大津湊であった。同じく元禄年間

現存する丸子船　北淡海・丸子船の館蔵

のデータで、塩津の船舶数は百十五艘、今津は九十八籍、大津は八十四艘。それに次ぐのが海津の七十五艘である。長浜の四十四艘、米原の四十三艘を大きく引き離す。

つまり、「丸子船」による江戸時代の琵琶湖の舟運は、南北航路が幹線だったのだ。塩津・今津・海津に大浦を加えて湖北四ヶ浦と呼ぶが、これらの湊から出される北国荷を、大津まで運び、さらに京・大坂まで流通させる。これが、江戸時代に琵琶湖に課せられた役割だった。

しかし、「丸子船」による琵琶湖舟運の隆盛は、寛文年間（一六六一～七三）に瀬戸内海経由の西廻り航路が開発され斜陽に向かう。北国荷が琵琶湖を経由せずに京・大坂へ流入することが生じたからだ。明治時代になると、「丸子船」は琵琶湖船の主役から降ろされ、その座は蒸気船にとって替わられた。その蒸気船には、もはや琵琶湖の「固有種」としての姿はない。琵琶湖という淡水湖であるからこそ、独自の形態で発達した「丸子船」。その形状の記憶は、淡海の国が生んだ独自の文化として大切にしたい。

蒸気船

江戸時代を通して、琵琶湖舟運は斜陽化をたどったが、明治維新はその転機をもたらした。前代の湖上交通の「華」であった丸子船に代わって登場したのは、蒸気船であった。

琵琶湖への蒸気船導入に力を尽したのは、加賀国金沢藩の支藩である大聖寺藩の藩士・石川嶂《しょう》であった。彼は軍事輸送は湖上汽船が最良とかねてから主張していたが、その背景には幕末の動乱で西廻り航路が使えず、北陸から物資を畿内に運べなくなるのではという危惧があった。石川は大津百艘船仲間の一庭啓二《いちばけいじ》と共に長崎へ赴き、そこでオランダ人ポーゲルから造船技術や航海術等を習得、鉄工や造船の職人を雇い入れて帰還する。そして、大聖寺藩の資金援助を得て、大津で「一番丸」を建造、大聖寺藩大津汽船局でこれを管理することとし、初代船長には一庭を任命した。

明治二年(一八六九)三月三日、琵琶湖で最初の蒸気船「一番丸」が就航した。この船は五トン・十二馬力の木造外輪船で、後部に六十石の丸子船を曳いて、大津〜海津

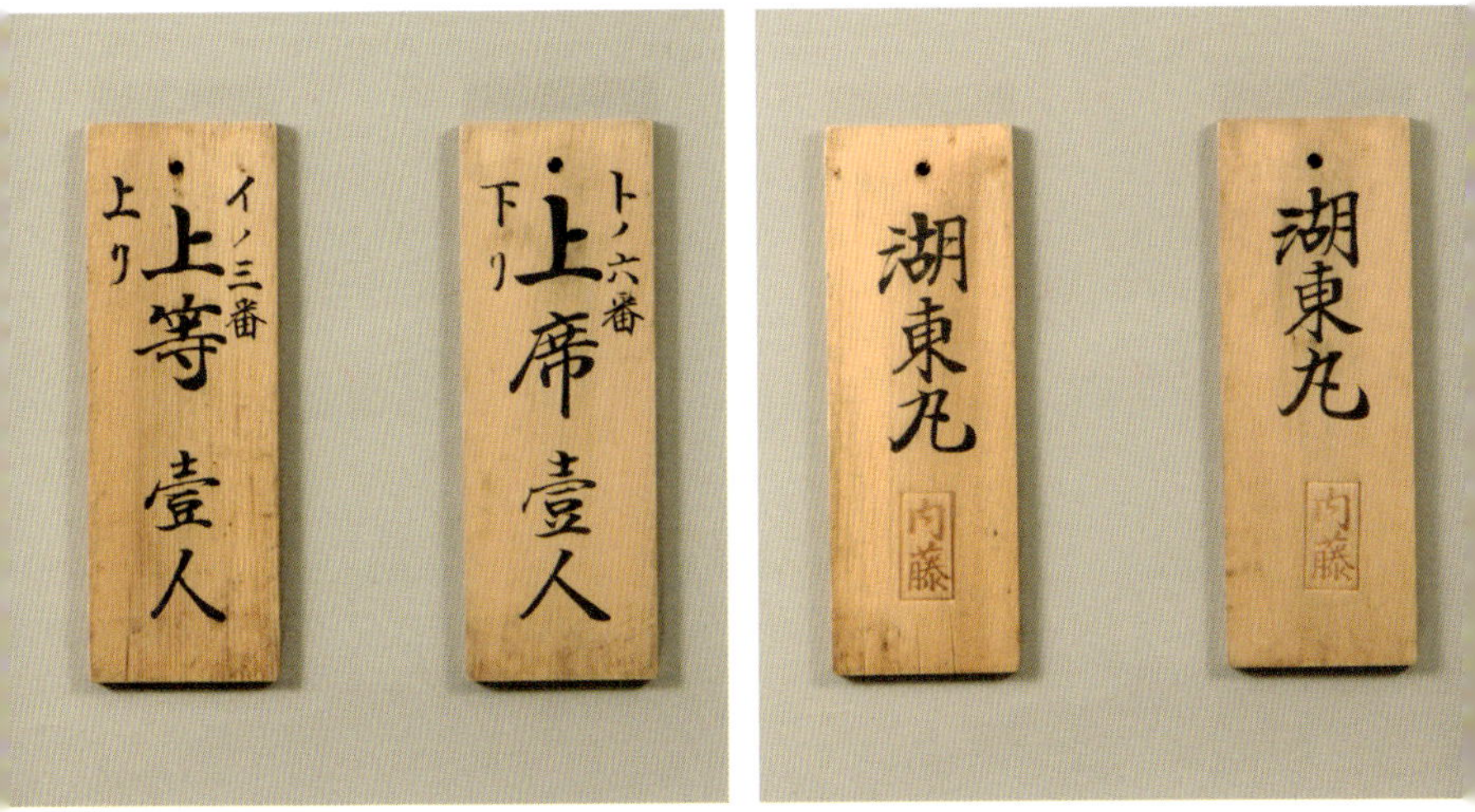

左　乗船札（表）・右　乗船札（裏）　長浜市長浜城歴史博物館蔵

間を往来した。時速七・四キロメートルで走るスピードと、多量の貨客（上等客を汽船に、下等客および貨物を丸子船に積んだ）をものともしないその馬力は、当時の人々を驚かせた。その評判は上々で、大津汽船局はさらなる蒸気船建造を計画、同年十月に姉妹船「二番丸」（十四トン・十四馬力）を就航させている。

　蒸気船の登場は、琵琶湖沿岸の和船問屋や漁業者等から大きな反発を受けた。竹を湖中に立てる者、あるいは網を湖底に張って蒸気船の運航を妨害する者、あるいは造船所に放火する者まであったという。しかし、明治四年（一八七一）に大津百艘船仲間をはじめとする旧来の湖上運輸制度が解体され、かつ滋賀県も蒸気船運航を推奨するようになると、大津だけでなく、彦根・海津・松原・長浜・飯之浦《はんのうら》などの各港でも次々に蒸気船が建造され、琵琶湖は「汽船の時代」へと移り変わっていくのである。明治七年（一八七四）九月までに就航した蒸気船は十五艘で、船主は県内の汽船会社および個人であった。

しかし、こうした蒸気船の増加は、貨客の争奪やスピード競争、過重積載などの弊害を生むようになる。その結果、速力の出し過ぎや乱暴運転による事故が続発し、人命が失われる事故も起きた。明治七年（一八七四）十一月一日、長浜船籍の「長運丸」が唐崎冲を航行中に、汽罐《きかん》（ボイラー）が破裂して沈没、乗客十数名が亡くなっている。不幸にも、これが蒸気船による初めての人身事故で、以後も同様の事故が続いた。こうした事態を重く見た滋賀県は、明治九年（一八七六）三月二十日に、湖上汽船の検査や運航を管理するため、大津に「汽船取締会所」を設立し、その支局を塩津・飯之浦・長浜・米原・松原・勝野・八幡の七ヶ所に置いている。

その後、造船技術の発達と共に蒸気船の大型化が図られる一方、汽船会社の競合はますます激しくなっていった。特に琵琶湖周辺での鉄道敷設が表面化すると、鉄道連絡船の就航が想定されるようになり、競争に拍車をかけた。こうした中、明治十三年（一八八〇）七月の大津〜京都間の鉄道開通、同十五年（一八八二）三月の長浜〜大津間の鉄道開通がなる。これを受けて、滋賀県は蒸気船会社の乱立を収拾するため、大津汽

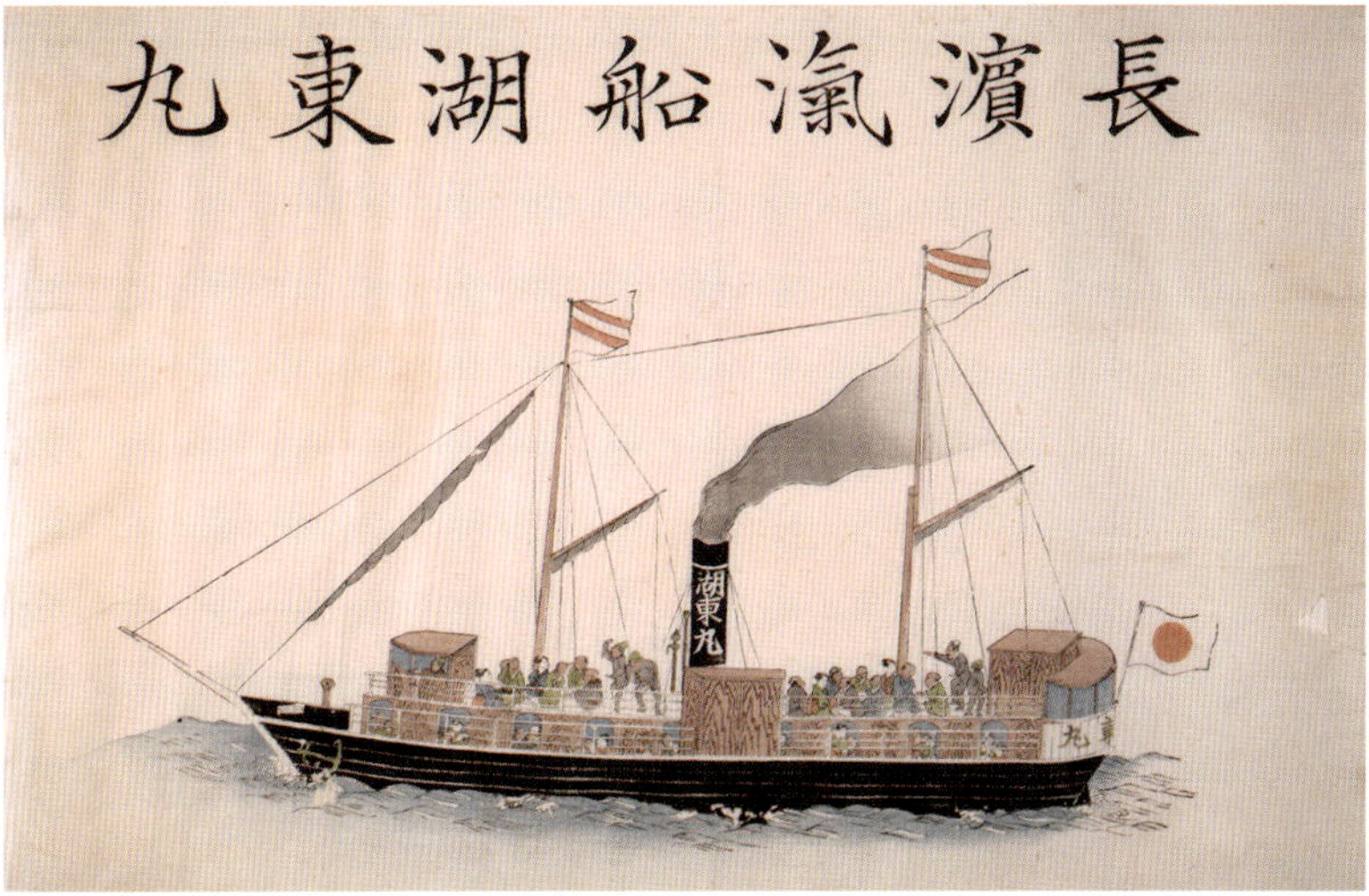

長浜汽船湖東丸図　長浜市長浜城歴史博物館蔵

船会社と彦根の江州丸会社を統合し、大阪の藤田組を参加させ、明治十五年五月一日、新会社「太湖汽船会社」を設立させた。

明治十七年（一八八四）五月十五日には長浜〜敦賀間、長浜〜大垣間の鉄道全線開通に合わせて、神戸・三宮・大阪・敦賀・金ヶ崎・柳ヶ瀬・関ヶ原・大垣で、蒸気船と鉄道との連絡切符が発売され、本格的な鉄道連絡船の時代が到来した。続いて、明治十九年（一八八六）には、紺屋関汽船と山田汽船が合併して「湖南汽船会社」が設立され、堅田以南を営業区域とした。以後、琵琶湖の蒸気船運航は「太湖汽船会社」と「湖南汽船会社」の二大会社によって統一されていく。

ところが、明治二十二年（一八八九）七月一日に、米原〜大津の鉄道が開通し、東海道線が全線開通すると、貨客の輸送ルートとしての琵琶湖水運の地位は、格段に低下することになる。鉄道連絡船の廃止や、湖東・湖北航路の大幅な減少を余儀なくされた。活躍の舞台を失った蒸気船は、琵琶湖の景勝を遊覧する観光船としての道を模索することになる。

汽船の観光船化は、古代以来続いた貨客を運ぶことを主目的とした湖上交通の終焉とも言える。それは、すなわちリゾート地・琵琶湖の幕開けでもあった。現在も琵琶湖の船の役割は、湖上遊覧・竹生島遊覧を主体とする観光である。果たして、琵琶湖の湖上交通が、鉄道や自動車に代わり、貨客輸送の「華」となる日が戻ってくるのであろうか。長浜城天守閣の最上階から、今津方面を眺める時、そんな日が来てもいいと思ったりする。

『年々萬日記』が残る山梨子村

『年々萬日記』（以下日記とする）の筆者横井孫右衛門家が居住した伊香郡山梨子《やまなし》村（現在は長浜市木之本町山梨子）は、木之本町の西部に位置する湖岸の小村である。集落は、湖辺の狭隘《きょうあい》な傾斜地にあり、耕地は少なく集落は密集する。日記の書かれた江戸時代中期には十三戸、明治十三年（一八八〇）の記録では二十一戸となっているが、現在は十戸となっている。江戸時代を通して彦根藩領であったので、日記も彦根藩に関する記述が多く見られる。当所はこの時代、木之本付近の諸村からの年貢・物資の積み出し港として栄え、琵琶湖の物資運搬船である丸子船三艘も持っていた。これらの荷物は、大音《おおと》村（木本町大音）から権現坂を越えて当村に運ばれた。

山梨子には、果たして何艘の船があったのであろうか。延享三年（一七四六）三月に湖北を訪れた幕府巡見使への対応についての記録が、ある程度それを物語ってくれる。

菅浦遠景　撮影：寿福滋

幕府巡見使は、大久保教平をはじめ幕臣三人。三月七日に北国街道の藤川宿に泊まって以来、木之本から片山・竹生島・菅浦・塩津を回り、十一日に長浜町、翌日は彦根町に宿泊し、北国へと向かった。この内、九日片山から竹生島、さらに菅浦まで渡る際に、山梨子・飯浦《はんのうら》・片山・尾上《おのえ》の四ケ浦から役船を提供した。

役船の内訳は、山梨子から本書の筆者である孫右衛門船二艘と孫左衛門船一艘で三艘、飯浦から四艘、片山から二艘、尾上から四艘、以上計十三艘であった。この他、飯浦に残っていた二艘を含め、計十五艘が当時における四ヶ浦の船全部であると本書は記しているが、尾上の場合、大田家文書・宝暦四年（一七五四）「船数届書案」に、尾上の丸子船の数を四艘としており、数が一致する（滋賀県教育委員会『琵琶湖の漁撈生活』一（一九七八年）の尾上の項に掲載された同家文書の目録による）。

この四ヶ浦は、基本的には彦根藩領で、同藩の船奉行の管轄下にあった。大津の幕府船奉行支配下の諸浦と比較して、彦根藩領下の船数については史料が少なく、この数値は貴重なデータである。ただ、これらの数値は、江戸時代の琵琶湖での大型船・丸子船の数であろう。丸子船は、物資運搬船で、五百石積から六石積まであり、その大きさは様々であったが、百石前後が一般的であった。この四ヶ浦には、この丸子船のほかにも、艜《ひらた》船といわれる小船が多数あったと推定される。艜船は、農家の自家用の他、漁にも使われ、宝暦四年（一七五四）「船数届書案」によると、尾上には丸子船四艘の他に、山船三十五艘・艜船五艘があったと記されている。

時代は前後するが、元文三年（一七三八）の六月二日の晩、山梨子の村人は、孫右衛門と孫左衛門の丸子船に、家財道具を乗せ、飯浦まで移動し、そこで二晩を過ごしている。この年は五月中雨がふり、さらに六月一日夜には大雨となり、塩津で家が潰れ、

尾上湊の跡（長浜市湖北町尾上）

余呉川が氾濫するなど、大きな被害があった。山梨子の人々が村を離れたのは、この大雨による地盤のゆるみで、背後の山が崖崩れすることを恐れた為と思われる。船が、村民の「移動避難場所」となっていたのは、湖岸の村らしい知恵といえる。

飯浦（手前）から山梨子の湖岸（長浜市西浅井町）

このほか、先の巡見使が訪れた延享三年は干水で、山梨子の港内の水位が低下したため、七月まで同所の船は飯浦へ避難していたという記事も注目してよい。山梨子と飯浦は、単なる隣浦以上の協力関係にあったようである。また、この山梨子・飯浦・片山・尾上の四ヶ浦は、恒常的に強い結びつきを持っていたようで、明和三年（一七六六）十月には、諸荷物の運賃を共同で定めている（前掲『琵琶湖の漁撈生活』一掲載の尾上共有文書の目録による）。

第三章

戦乱と琵琶湖

治承四年（一一八〇）に信濃国で蜂起した木曽義仲は、寿永二年（一一八三）五月に越中・加賀の国境・倶利伽羅峠《くりからとうげ》で平氏の軍隊に勝利した後、京都へ向けて進撃を開始する。その近江への進軍路は、越前国府（武生）を立ち、今庄を経て「能見山（椿坂峠）」・柳ヶ瀬（長浜市余呉町柳ヶ瀬）を越えて、高月河原などを通過し、「八幡の里」と呼ばれた長浜辺りで船に乗ったらしい。その後、「湖上遙に見渡して」平方・朝妻・筑摩・松原の湊を過ぎ三上山まで到達した。つまり、「八幡の里」と三上山の間は船に乗ったのだ。

翌年一月、義仲は源頼朝の命を受けた範頼・義経軍に攻められ都落ちを余儀なくされる。そして、享年三十一で討死にしたのは近江粟津（大津市粟津町）であった。あるいは、恵美押勝《えみのおしかつ》と同様、湖上から祖国・信濃への逃亡も考えていたかもしれない。武将たちにとって琵琶湖は、戦乱の地であり、栄光と挫折が入り混じる空間であった。それは、木曽義仲の人生を写し出す鏡でもある。

恵美押勝の乱

えみのおしかつのらん

奈良時代、東大寺大仏を発願したことで有名な聖武天皇が、天平勝宝八年（七五六）に没する。すでに女帝である孝謙天皇が即位していたが、しばらくして退位、淳仁天皇が即位する。この頃、退位した孝謙上皇の寵《ちょう》を得た恵美押勝《えみのおしかつ》（藤原仲麻呂）が、叔母に当る光明皇太后（聖武天皇の皇后）の支持もあって、朝廷内で大きな力を持つようになっていた。天平宝字二年（七五八）には右大臣、天平宝字四年（七六〇）には太政大臣まで登り詰めた。

しかし、太政大臣になったとたん、庇護者であった光明皇太后が没する。さらに、孝謙上皇が保良宮《ほらのみや》（大津市国分付近）に行幸していた天平宝字六年（七六二）四月、僧道鏡が病気になった上皇を秘法で治療したことで、上皇の信頼を得ることになる。一方で、押勝が即位させた淳仁天皇が、道鏡寵愛を批判すると、上皇は国家の大権を天皇から取り上げる。これらにより、押勝の勢力は次第に衰退、反押勝のクーデターも計画される。この中、押勝は攻勢に転じ、天平宝字八年（七六四）九月十一日、各地の兵を集めて反乱態勢を整えたが、情報が先に上皇側にもれたことで、都を追われること

押勝が最後に戦った高島郡三尾崎付近（高島市勝野・鵜川）　高島市教育委員会提供

になる。

押勝が都から逃れた後の行動を、『続日本紀《しょくにほんぎ》』によって追ってみよう。押勝は同志を集め宇治から近江国に向かい、そこを拠点に孝謙上皇の軍と戦おうとした。おそらく、恵美押勝が淳仁天皇の別宮を造営した保良宮周辺を本拠として、敵を迎え撃つ考えだったのだろう。しかし、孝謙上皇軍の行動は早かった。上皇の命を受けた日下部子麻呂《くさかべのこまろ》・佐伯伊多智が、田原道（南山城の田原から近江国竜門を経て、瀬田に通じる道）を経て、先に近江に入り瀬田の唐橋を焼き、保良宮周辺を制圧、押勝軍が拠点を構築できないようにした。

色を失った押勝は湖西の高島郡に走り、前高島郡少領の角家足《つののいえたり》の宅に泊まったが、その家に「甕《かめ》ぐらいの大きさ」の星が落ちたと『続日本紀』は記す。隕石が落ちたということだろうが、押勝をこれから襲う凶事を象徴するものと、当時の人々は解していたのだろう。

上皇軍の佐伯伊太智らは、またも先廻りして、押勝が高島郡を経て向かおうとした越前国に入り、同国の国司を務めていた恵美辛加知《しかち》を殺害している。辛加智は押勝の子である。越前国に向かった押勝は、息子がいる越前国で拠点を作り直す計画だったのだろう。息子の死を知らない押勝は、高島郡から愛発関《あらちのせき》を突破しようとした。愛発関の場所は厳密には不明だが、福井県敦賀市疋田附近と考えるのが通説である。とすれば、押勝は海津から敦賀に抜ける、後世の「七里半越え」に当る街道を辿ろうとしたと考えられる。

しかし、上皇軍はまたも先回りをしていた。押勝は退却を余儀なくされ、琵琶湖岸に出て船に乗り、浅井郡塩津に向かう。塩津からは、後に「塩津街道」と呼ばれた道が敦賀に至っている。押勝は「七里半越え」とは別ルートで、越前への入国を模索していたのだ。ところがまたも押勝に不運が襲う。突風が船を襲い沈没しそうになった。九月と言えば今の十月、台風の影響かもしれない。

押勝は再び上陸して、愛発関を目指す。乗船はおそらく「七里半越え」の出発点・海津からで、塩津に行く途中には大浦の湊がある。再上陸の地は大浦で、そこから山門《やまかど》(長浜市西浅井町山内)集落を経て「塩津街道」へ出る道を辿ったと推定されるが、ここも上皇軍によって前途を阻まれていた。押勝軍は八・九人が射られて戦死したという。

押勝は越前への逃亡を諦め、高島郡三尾崎（現在の高島市白鬚神社附近）に至り、上皇軍の佐伯三野《さえきのみの》や大野真本らと戦った。戦闘は昼頃から申《さる》の刻（午後四時頃）まで及び、押勝軍は奮戦し一時は上皇軍を劣勢に追いやったが、藤原蔵下麻呂《ふじわらのくらじまろ》の援軍が到着し敗退する。この状況を見た押勝は再び船に乗って逃亡を試みる。上皇軍は水陸両方からこれを攻撃。押勝らは「勝野の鬼江」で、最期の戦いを挑んだが敗れ、軍勢は総崩れとなる。妻子三・四人と「鬼江」の水上にいた押勝は、石村村主石楯《いわれのすぐりいわたて》に捕らえられ斬られた。また、その妻子と従者三十四人も捕縛され、湖岸で惨殺されている。押勝が都から逃亡した七日後、九月十八日のことだった。

戦国時代と共に古代においても、近江国は日本を左右する戦乱に何度か巻き込まれた。そこでは、多く琵琶湖が舞台として登場する。押勝は越前への逃亡の過程で二度も船を利用した。琵琶湖なくしては、日本の歴史は語れない。当時の中央政界を揺るがした「恵美押勝の乱」を振り返ると、その思いを強くする。

保良宮の宮殿礎石と伝える「へそ石」
（大津市国分二丁目）　撮影：氏家正実

源平合戦
～平経正の竹生島詣～

栄華を極めた平氏政権の崩壊が始まったのは、治承四年（一一八〇）四月九日に以仁《もちひと》王《おう》が全国に檄文《げきぶん》を発し、源氏そのほかに挙兵を呼びかけたことからであった。木曽義仲が挙兵したのは、同年九月七日のことで、伊豆の頼朝挙兵から遅れること二十日。翌年六月十四日には、義仲は信濃横田河原の合戦で平氏軍を討ち破った。寿永二年（一一八三）になると、平氏は平維盛《たいらのこれもり》を大将とする追討軍を北陸へ派遣する。その数は『平家物語』（以下も出典は同書）の記す所によれば、なんと十万余騎。四月十七日の辰の刻（午前八時頃）に京都を出立している。この軍隊は、沿道で荘園年貢や国衙《こくが》への税金を軍資金として徴発することを認められていたので、その経路となった湖西の村人たちは、追討軍による略奪を恐れて山に逃げ込んだと記されている。

大将の維盛は北陸に先行して赴いたが、副将であった平経正《たいらのつねまさ》らは、少々遅れて湖西路を北上していた。経正は平清盛の弟である経盛の嫡子で、幼児期は仁和寺の覚性《かくしょう》法親王のもとで育った。詩歌管弦に長じた人物として知られ、多くの秀歌を残してい

菅浦与大浦下庄堺絵図（竹生島部分）　長浜市西浅井町菅浦自治会蔵

る。また、琵琶奏者としての才は群を抜いていたとされ、覚性は経正に名器「青山《せいざん》」を与えている。ちなみに、この「青山」を模して経正が作った琵琶が関東北条家に伝来し、小田原開城時に北条家から黒田官兵衛に贈られ、福岡藩黒田家の相伝となり福岡市美術館に現存している。

海津・塩津を通りかかった経正は、岸から湖上を見渡し、従者の有教を召して、「あの島はなんと言うのか」と問うた。有教は「あれが有名な竹生島でございます」との答え。さすがの文人・経正、それを聞いたら渡らずにはいられない。従者を五・六人に連れて島に詣でることにした。彼は、これから逆徒退治に出向くという平氏の大将である。それも一刻を争っている。この状況下で、琵琶湖の島に参拝する。そんなことが許されるのが、源平合戦の時代であったのかもしれない。

経正が竹生島に渡ったのは四月十八日。今で言えば五月の中旬であろう。谷間に鳴く鶯《うぐいす》の声は老い寂れて聞こえ、不如帰《ほととぎす》の初音が夏の到来を告げていたという。その風情は秦の始皇帝や漢の武帝も憧れた「蓬莱《ほととぎす》」に匹敵すると『平家物語』は絶賛する。また、仏書にいう「須弥山《しゅみせん》の南にある天女が住む所」とは、この島かと経正は驚嘆したという。「パワースポット」という言葉は、軽々に使いたくない現代語だが、その語も自然と符合してしまう場所が竹生島だ。人間界を超越した何かを感じるのは、決して「パワー」に鈍感な私だけではないであろう。その神秘性を、『平家物語』は雄弁に語っている。

竹生島明神の前に坐した経正は、「弁才天と妙音天は別の名をもっているが、本体は同じもので一体である」と言いながら、経典を読み始めた。日暮れの中、十八日の「居待《いまち》」の月が出て、水面を照らし、社殿はそれを受けて輝きを増す。その中で、竹生島の僧侶が「あなたが琵琶の名手であることは有名なことですよ」と言って、琵琶を手渡した。経正が早速琵琶を奏で秘曲を披露すると、経正の袖の上に白龍が現れたという。もちろん、白龍は弁才天の化身《けしん》。妙音天は音曲の神であるから、名演奏を感得しての竹生島明神の出現でもあった。

経正は感激のあまり「千はやふる　神にいのりの　かなへばや　しるくも色の　あ

竹生島の現況

らはれにける」と詠む。この明神出現により、彼は凶徒退治への確信を抱き、再び船に乗って島を出た。ちなみに、『平家物語』の異本として知られる『源平盛衰記』には、出現したのは「白狐」と記す。残念ながら、竹生島明神の加護にも関わらず、平氏軍は五月十一日の倶《く》利《り》伽《か》羅《ら》峠《とうげ》の戦いで義仲軍に敗北し、七月二十八日にはその入京を許す結果となる。同時に平氏は都落ちするが、その一行には経正の姿もあった。都落ちに際し、経正は仁和寺守覚法親王へ琵琶「青山」を返却し、寿永三年(一一八四)二月に行なわれた一ノ谷の戦いで討死している。

ところで、近江にあるこの湖を琵琶の形に例《たと》えるのは、室町後期に五山僧が記した漢詩集までは遡ると言う。それ以前は、「淡海《おうみ》の海」、「鳰《にお》の海」と呼ばれた。人工衛星や飛行機もない室町時代。なぜ人はこの湖を琵琶の形に例えられたのであろう。そう考えると、琵琶という楽器と竹生島が関わるこの逸話が、日本最大の湖の命名に、何らかの影響を与えたと考えたくなる。

明智秀満の湖水渡り

中国大返しで畿内に帰った秀吉が京都の西の玄関口・山崎で、「本能寺の変」の首謀者であった明智光秀に討ち勝ったのは、天正十年(一五八二)六月十三日であった。この合戦の折、明智光秀の女婿であった明智秀満は、本能寺で討たれた織田家の本城である安土城を占拠していた。その地で、秀満は光秀敗戦の報を知り、明智家の本城・坂本に戻るため、全軍をまとめて十三日の夜中、湖岸を南に向かった。それ以降の様子を、秀吉の伝記の一つとして著名な『川角《かわすみ》太閤記』によって見てみよう。

秀吉は十三日の夜は淀に宿し、翌十四日には三井寺に入り、諸方への連絡に暇なかったと推定されるが、秀満の動きに対しては、家臣の堀秀政を追討に向かわせた。一方、秀満の軍隊は十四日の朝五つ時(午前八時)頃に瀬田橋に至るが、地元の武将・山岡景隆が、橋の中程で草を焼きかけていた。橋を焼き落とす企《たくら》みで、秀満はこの為に前進できなくなる。互いに鉄砲を撃ち懸け交戦するが、秀満は周辺の町家から桶や鉢を集めて水を消す準備を始めた。さらに畳や柱も持ちだし、立ち並べて盾にして攻撃をしかけた。これを見た山岡隊は、少々怖気《おじけ》づいたのか引いたという。

　その間、山岡隊が付けた火によって、橋板が二間（約三・六メートル）焼け落ちそうになる。ここで、秀満は奇策をもちいる。畳や柱に続き、今度は町家から物干竿を集め、付近につくった水溜りに竿をつける。これに、弓・鉄砲足軽の羽織に水を含ませて竿にとりつけ、竿と竿を二・三本縄で結び付け、橋の火を上から抑え込んだ。その上から畳を重ね、火が消えた橋を全軍難なく渡りきったという。秀満軍は勝どきをあげ、大津の町に至ったが、ここで秀吉方の堀隊と遭遇する。秀満の軍隊は小勢、とても突破できないと思われたが、秀満はまたも奇策をもちいる、大津の東の町はずれで馬ごと湖水に乗り入れたのだ。

「明智左馬之助湖水渡」の石碑
撮影：氏家正実

　湖水を馬が浮沈しながら進むのを見て、堀隊の人々は「そのうち沈むぞ」と面白がって見物していたが、秀満は鞍を外して馬の後方にすわり、鞍の後《しず》輪《わ》に手綱をかけ、志賀の唐崎の松を目指して湖中を颯爽《さっそう》と進んでいった。『武辺話聞書』では、白地に雲龍の絵が描かれた羽織を風に靡《なび》かせ、二ノ谷形の兜を被り湖水を渡ったと記される。その様子を描いた錦絵や講談もある。

この秀満の湖水渡りの話、とても史実とは思えない。しかし、現在大津市打出浜にある滋賀県立琵琶湖文化館東の道路脇には、「明智左馬之助湖水渡／天正十年六月十四日」と彫られた石碑が建っている。「左馬之助」は誤伝で、秀満の通称は「弥平次」。この逸話に引きずられて、「馬」がつく通称に変えられたのかもしれない。現在も競走馬の調教で水泳があるというので、馬は「犬かき」ならぬ「馬かき」で泳げるのは事実である。しかし、打出浜から唐崎の松までは約四キロ。とても馬上の武将が渡れる距離ではない。実際は、小船に乗って坂本城へ入ったという『秀吉事記』の記述を最も尊重すべきだろう。陸路を行ったのでは、秀吉方の堀隊と遭遇するのは必至であり、坂本城主の明智氏であれば、多くの琵琶湖船を自由に出来たと想像できる。

『川角太閤記』では、名馬に対する秀満の愛情を強調する。対岸についた秀満は、「この馬は安土から乗ってきたので、疲れているだろう。勘がよい馬は限界に達するまで疲れたそぶりはみせぬもの。このまま乗り続ければ、突然限界に達し「屏風返し」にひっくり返ることも考えられる」と思案し、しばらく息をひそめ、敵が三町

「明智秀満の湖水渡り」錦絵（一龍斎国久画）　大津市歴史博物館蔵

（約三百メートル）に迫った所で、馬を走らせ坂本城に入った。城で仲間二・三人を呼び寄せ、「この馬は、敵に渡せ」と申し付ける。おそらく、この名馬を城と共に失うのを、惜しいと考えたのだろう。馬は信濃の産で黒鹿毛、その毛は二寸七・八分も立っていたという。当時は「井上鹿毛」と呼ばれた馬だったが、後に「いたや鹿毛」との名で呼ばれたと同書は記す。

翌十五日には堀秀政は坂本城を包囲する。秀満は坂本城に入ってから、光秀の死を知ったようで、天守に立て籠もり、光秀の妻子、及び自らの妻（光秀の娘）を刺してから切腹して果てた。光秀が小栗栖《すぐるす》（京都市伏見区）で土民に襲われての無残な最期だったことを思えば、実に戦国の勇将らしい死に様だったと言えよう。本能寺の変から山崎合戦に及ぶ一連の動乱は、この坂本落城をもって、次の清須会議へ引き継がれることになる。

関ヶ原合戦と京極高次

関ケ原合戦が戦われた慶長五年（一六〇〇）九月十五日から一ヶ月も経とうかという十月八日、大津城主・京極高次の家臣であった内藤八右衛門・弓削斎・嶋忠右衛門尉・村山喜兵衛は、「大津百艘船方中」に宛て一通の礼状（大津市歴史博物館『戦国の大津』に掲載）を認めた。そこには、関ケ原合戦を前にして、京極高次が加賀国から帰還の折、船三十艘を用立ててくれたこと、さらに大津城籠城戦についても、水主《かこ》たちが一緒に籠城してくれたことを謝している。

続けて家臣四人らは、主君・高次が大津城主として留まるならば、船方へ扶持も与えられるが、関ケ原合戦後の国替によって、若狭国小浜へ転封となったので、それもかなわなくなった。「是式《これしき》二候《そうら》へ共《ども》」と言いながら、船方へ銀子三枚を渡し、水主一人に酒を「一ツ」ずつ授けると述べている。高次の窮地を救ったにも関わらず、銀子少々と酒で事を済ませているのは少々物足りないが、ともかく京極家がこの時の大津の船方たちの配慮について、大いに感謝していたことは分かる。この高次が琵琶湖を渡り城へ帰着するに至った経緯を説明するには、関ケ原合戦から十三日前の九月二日から始めなくてはならない。

鎌倉時代以来の守護家の伝統を誇る京極氏の当主であった京極高次は、織田信長・豊臣秀吉・徳川家康と、戦国の世を統一に導いた三人に仕えた大名である。近江国浅井郡の小谷城で生まれ、幼少期は人質として信長の城・岐阜で生活している。その後、信長の軍事行動に従い、秀吉からは大溝城主、近江八幡城主、さらに大津城主といずれも湖岸の城主に任じられた。関ケ原合戦の後は、家康から若狭国小浜城を与えられ、慶長十四年（一六〇九）に四十七歳で没している。

京極高次像　米原市徳源院蔵

近江の名族大名として、若狭国九万二千石を領するまで登りつめた高次だが、その人生は戦国のならい、平坦なものではなかった。最初の波乱は天正十年（一五八二）に起きた「本能寺の変」であった。信長の横死を知った高次は、浅井氏の旧臣・阿《あ》閉《つじ》貞《さだ》大《ひろ》の誘いにのって明智光秀方として、秀吉の本拠・長浜城を攻撃してしまうのである。しかし、秀吉の側室となった妹・松の丸の取り成しで、何とか秀吉の家臣となる。
第二の危機は、慶長三年（一五九八）の秀吉没後に起きた。高次は翌年から徳川家康（東軍）への接近を始めたが、慶長五年（一六〇〇）の家康の上杉攻めには従わず、大津城に留まっていた。家康の留守中に石田三成（西軍）が蜂起すると、西国の大名の多くは西軍となる。高次は仕方なく、東軍に通じる本心を隠して表向きは西軍に従った。しかし、その間も関東に向かった家康とは連絡を取り合っていた。

同年八月には大谷吉継を主将とする西軍に加わって、東軍となった加賀国前田家を攻撃するため、二千の兵を従え北陸方面に出陣した。しかし、月末には三成から北陸には押えのみを置き、美濃国へ軍勢を展開するようにとの命令が来る。高次もこれに従って、全軍を越前から近江に戻すが、北国街道が近江国に入ってしばらく行った伊香郡東野村（長浜市余呉町東野）で一大決心をする。西軍から東軍、つまり三成方から家康方への寝返りを決意し、その居城である大津城へ帰る行動に出たのだ。

東野村は北国街道の中河内宿と木之本宿の間にある村だが、越前側から南下すると、右に道をとれば、国安村・文室村を通り権現坂を経て塩津湊（長浜市西浅井町塩津浜）に出る道が分岐点していた。本来は右折せず真っ直ぐ木之本宿から伊吹山の裾野を通り、美濃国関ケ原へ出る経路を辿るはずだった。九月二日、高次はこの東野村で、右へ曲がれば東軍、曲がらなければ西軍という、人生の選択に迫られたのである。

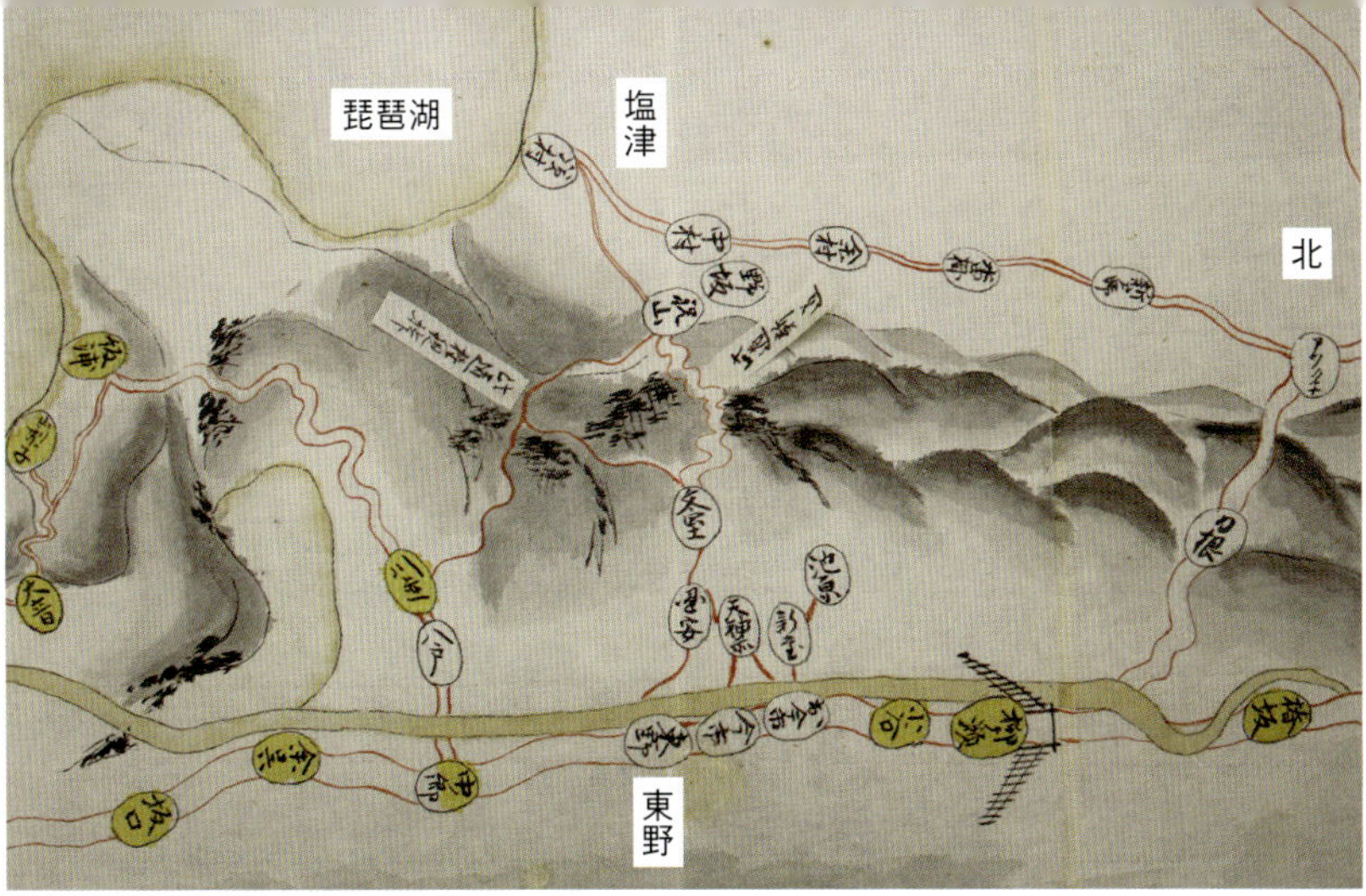

北国海道絵図　長浜市長浜城歴史博物館蔵

結果、高次は道を右に取り、塩津湊の隣の海津湊から乗船、湖水を渡り九月三日には大津城へ帰着した。この時、冒頭に記した「大津百艘船方中」の三十艘の船で、全軍を大津へ運んだのだ。その後、九月十五日の関ケ原合戦当日まで籠城を続けるが、西軍の猛攻に耐えられず開城した。高次は高野山に退去するが、十三日にもわたって東軍として籠城した功績が認められ、合戦に勝利した家康から若狭国御小浜を与えられた。ここで、高次は江戸幕府を通じて大名として存続する京極氏の基礎を築いた。

近江国に生れた京極高次は、その人生の大半を琵琶湖がある近江国内の城主として送った。人生における二度の危機も、長浜城と大津城という湖岸の城を舞台にしたものだった。西軍から東軍に転じ、湖上を大津に帰る船中で、迅速な軍勢の展開を可能にした琵琶湖に、高次は感謝の念を抱いたのではないか。

巡礼者遭難の記録

琵琶湖は、物資を運ぶ経路であると共に、人を運ぶ経路でもあった。特に、第三十番札所・竹生島を湖上にもつ、西国巡礼者にとっては、琵琶湖での乗船は避けられないものである。長い巡礼の歴史においては、多くの遭難を生んでいるが、本書においても、宝暦五年（一七五五）の木津《こうつ》船の事故記事が見えている。

巡礼者七十五人を乗せた湖西・木津（高島市新旭町饗庭）の船は、三月十七日の夕刻、竹生島から次の札所・長命寺に目指して出船した。ところが、不幸にも嵐に遭遇し、船頭三人の他、乗船客全員が溺死し、死骸が神崎郡福堂《ふくどう》（東近江市福堂町）の浜に打ち寄せられるという惨事である。福堂には、翌年に、遭難者の供養碑が建立されている。

宝暦十一年（一七六一）三月には、京都本願寺において開祖親鸞の五百回忌の法要が行われた。北陸方面には、真宗門徒が多くおり、彼らの上京の手段として、琵琶湖の船が大いに活躍したことが、本書に見えている。この時、天気はあまりよくなかったが、湖北の各浦は競って上京者を乗せる船を出したようで、山梨子は三艘、飯浦からも三艘の船を出している。片山には、さらに多くの乗客が集中したようで、五艘の船を出している。これは、客引きを街道筋へ遣わして、片山から乗船するよう誘導したためで、柳ヶ瀬から所々に立札を設置し宣伝を行う徹底ぶりであった。

竹生島に渡るため、船を利用する巡礼者をめぐって、江戸時代を通じ、湖西の今津と木津の間では、激しい争奪戦を繰り返しているが、それと同じ状況が、一時的ではあるが、湖北の諸浦の間でも展開したようである。おそらく、乗客を乗せた船は、普段、物資の運搬に使用していた丸子船であり、このように大量の乗客が望める際は、客船として転用されたものであろう。なお、北陸門徒の京都本山への参詣は、恒常的に行われていたようで、明治初期には安心丸・真宗丸といった、参詣専用の蒸気船が就航している(『新修大津市史』など)。

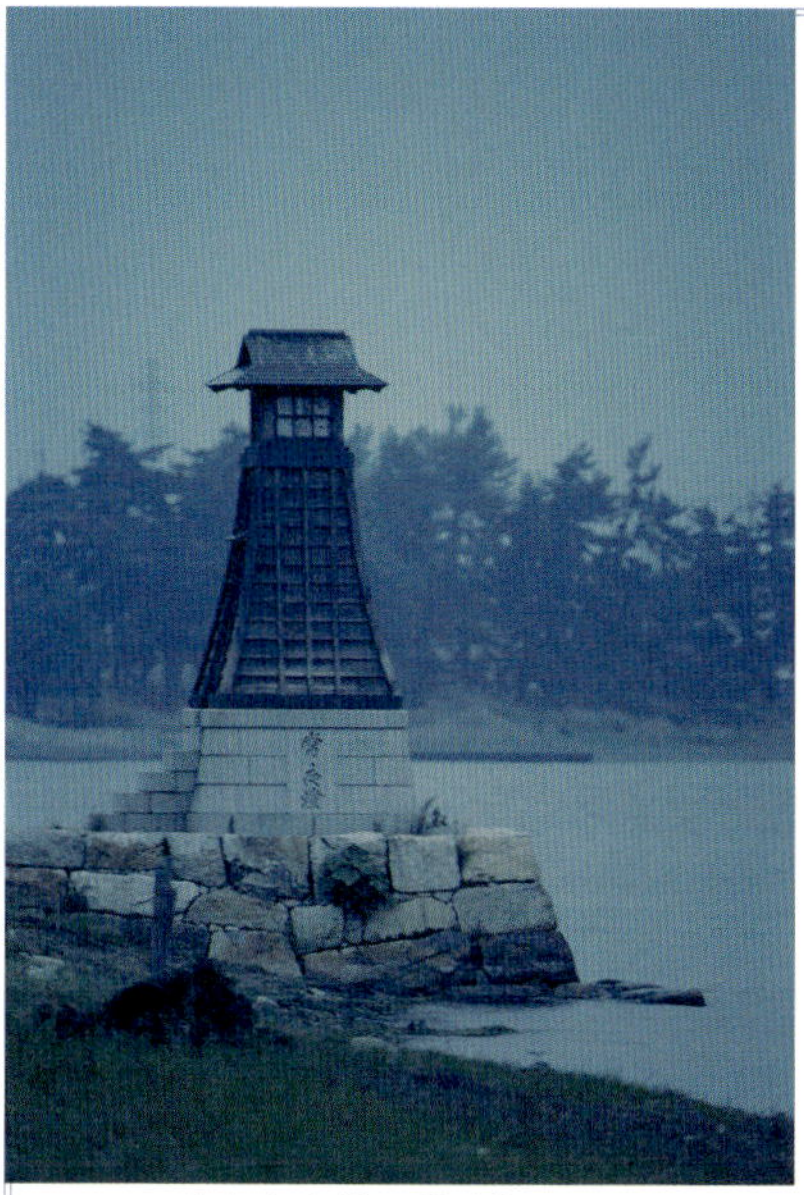

高島市木津の常夜燈
撮影：辻村耕司

山梨子の町並み

　安永三年（一七七四）六月二十三日に、強風が吹き大波が打ち寄せ、山梨子に停泊している船にも被害が出た。その中に、松原（彦根市松原町）の艜《ひらた》船二艘と磯（米原市磯）の艜船一艘が含まれていた。これらの船は、山梨子から山越えして、木之本へ行く商人を乗せて来たもので、当日の四つ時（午前十時ごろ）から停泊していた。おそらく、松原・磯に近い彦根付近の商人とみられるが、普段は漁撈や農作業に使われた艜船も、時に応じては客船として使われていたことが分かる。

第四章　琵琶湖の湊

琵琶湖舟運の歴史をひも解いた研究は意外と多いのだが、船が停泊する湊の形状について述べた論稿は、ほとんど皆無に近い。琵琶湖の湊は、太平洋や日本海などの海とは相違した形を保っていたと考えた方がいい。海では半島などに囲まれた湾の奥に良港が求められたが、弁才船《べざいせん》と呼ばれた大型和船は着岸できず、沖に停泊してハシケと呼ばれる小船で荷物や人を乗降させた。これに対して、琵琶湖の大型船・丸子船は湊に直接着岸した。

しかし、その湊の形状はいくつかのパターンがあったと見ている。現在でも、学習船「うみのこ」やビアンカなどの大型船が係留される湊を観察すると、大津港のように岸から桟橋を伸ばして着岸するタイプと、長浜港のように防波堤で港を囲い、長い護岸に船が横付できるタイプがある。言ってみれば、横列型と縦列型であろうか。後者の形は、早崎や菅浦などの小規模港でも見られる。ここでは、歴史的に琵琶湖の湊の形状を探ることで、その舟運史に新たな一頁を加えよう。

塩津湊

琵琶湖には古代以来、多くの湊が存在した。『万葉集』には「淡海の海　泊八十《やそ》あり」と歌われた。「八十」はもちろん多数の意味だが、江戸時代の琵琶湖には大小百を超える湊があったと見られるから、「八十」は決して誇大表記ではない。平成十八年からの滋賀県の調査により、塩津港遺跡から平安時代の神社等の発掘があり、また同遺跡から起請木簡《きしょうもっかん》など多くの遺物が出土したことから、古代の湊については少し光が当たった感がある。下って、明治時代の長浜湊や大津湊は、汽船就航の基地として、これも歴史の表舞台に立った。しかし、琵琶湖特有の形状をした和船・丸子船が活躍した江戸時代（近世）の湊については、あまり目を向ける人はいない。

実は江戸時代の琵琶湖舟運は、彦根三湊と大津百艘船の対立など、制度史の分野は非常に発達している。しかし、湊の景観や形状については、研究がないに等しい。昭和四十七年以降の琵琶湖総合開発の結果、湖岸の形状は大きく変化したが、湊周辺の地形も大きく様変わりしている。湊を内包した内湖は干拓され、湖岸にあった前代の

塩津湊北の「常夜燈」

湊の前に、コンクリートの防波堤や船着場が新設されている。

江戸時代の湊の形を描いた絵図は意外と少ない。多くは明治初年に描かれた地籍図から、湊の形状を窺うしかない。私の試論段階だが、江戸時代の琵琶湖の湊は、①河川型、②船浦型、③船入型に分類できると考えている。この項で紹介する塩津湊は、①の河川型に分類できる。集落に入り込む河川の両岸を湊として使用、そこに丸子船を縦列に着岸するのである。北近江では、尾上《おのえ》湊や長浜湊がこの形態であったと考えられる。②・③については、次項以降、順次紹介しよう。

塩津湊は琵琶湖の最北にあったが、古代の塩津港遺跡が見つかった大川（塩津川）の東、並行して伸びる大坪川の五百メートル程が塩津湊そのものだった。塩津街道沿いに形成される塩津浜集落の西を北へ遡る形となる。この大坪川は、湖からの入口の所で二回鍵の手に曲がる形状をしていた。この鍵の手が風や波から湊内の丸子船を守

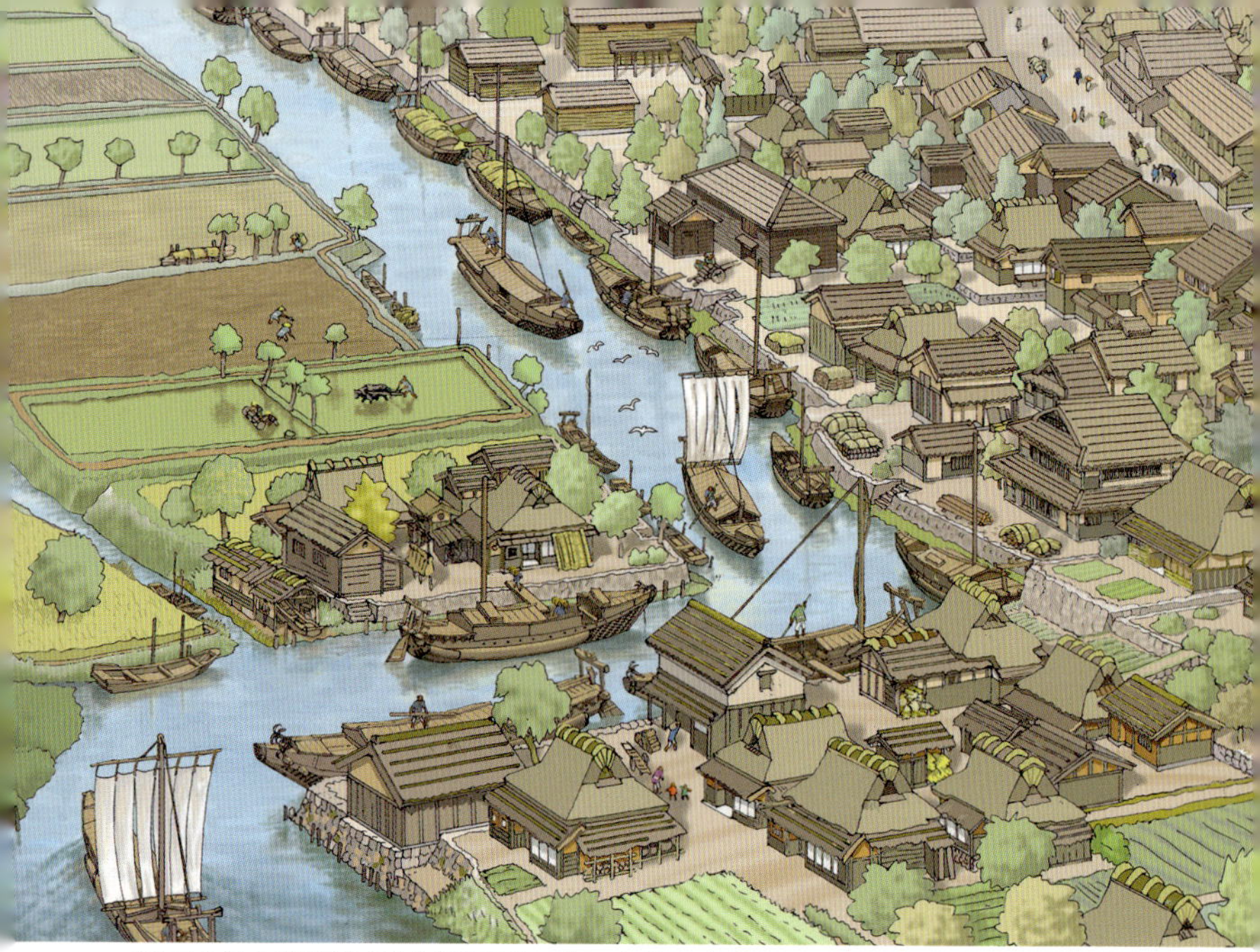

江戸時代の塩津湊（推定復元図）　佐々木洋一氏画

る役目を果たしており、この湊を良港ならしめていた仕掛けと言えよう。塩津湊に船籍があった丸子船は、元禄年間（一六八八～一七〇四）で実に百十五艘。大津の八十四艘を超え、琵琶湖最大の湊であった。

今も塩津湊だった大坪川は現存するが、コンクリートの護岸で覆われ、湾曲した流路は直流化し、かつての面影は存在しない。しかし、当時は川の東側を中心に広大な河岸《かし》があり、そこが街道に面した店の裏手となっていた。つまり、街道と舟運は同一敷地にある店と河岸で結ばれていたのだ。塩津街道は琵琶湖と越前敦賀湊を結ぶ最短路で、今津と小浜を結ぶ九里半越、海津と敦賀を結ぶ七里半越に対し、五里半越と呼ばれた。敦賀への道は、深坂越（ＪＲ

北陸線の経路)が一般的だったが、戦国時代に新道野越(国道八号の経路)が開発され主要経路となる。

今、この湊跡でその痕跡を探すのは難しいが、湊を北に外れた塩津街道沿いの「常夜燈」は、塩津湊の賑わいを伝えるものであろう。この塔は天保五年(一八三四)に建立されたもので、塩津街道を往来する「馬持中」と旧塩津庄「九ヶ村役人中」が建立したことが、その銘文から分かる。側面には「五穀成就」・「海道繁栄」の文字も記されている。夜更けには、湖上からも路上からも、塩津湊の目印となったものと見られる。「常夜燈」の横には、天保十二年(一八四二)に建立された道標がある。「左いせ　たにくみ　きのもと」・「すく　竹生島　大津諸浦出船」とある。これは、越前今庄より栃ノ木峠を越え近江に入ってきた北国街道から西へ分かれ、権現坂を越えて塩津谷に入って来た道が、塩津街道に出た所に建っていたもの。現地への移設時期は不明ながら、左に道をとれば舟運の基点である塩津湊があることを示す。

現在、国道八号によって塩津湊は分断され、往時の面影は辿りにくい。しかし、塩津街道の町並は、当時の雰囲気を色濃く残している。この陸路の景観からしか、江戸時代に繁栄した湊の繁栄を顧みることが出来ないのは実に寂しい。大津を凌ぎ琵琶湖最大の湊だった塩津の痕跡を、我々はもう少し積極的に残す努力をすべきだろう。

大浦湊

大浦湊（長浜市西浅井町大浦）は、江戸時代には塩津・海津・今津と共に「湖北四ヶ浦」と呼ばれた。『万葉集』巻十一には、「霰《あられ》降る大浦に寄する波よしも寄すとも憎からなくに」とみえ、古代から北陸に向かう多くの旅客が利用した湊の一つである。

都から琵琶湖を渡って来た旅客は、大浦川沿いの道を北上し、山門《やまかど》村（長浜市西浅井町山門）から北に向かい、峠を越えて沓掛《くつかけ》村（西浅井町沓掛）へ出て塩津街道（五里半越）に合流し、敦賀へ至った。あるいは、山門村の字茶屋で西に折れ、「大浦越」を越えて海津から敦賀に通じる「七里半越」に、越前山中村（敦賀市山中）で合流する経路も存在した。当然、敦賀から同じルートを大浦に至る逆方向の街道も通じる。

江戸時代の初め、敦賀から山中村へ至る荷物をめぐって、大浦は海津と争っている。山中村から湖岸に出るには、海津に至る「七里半越」と、途中から東へ入る大浦に至る「大浦越」があった。海津側は「大浦越」を「新道」と称して、物資の通行を止めようとしたのである。大浦側からの訴えにより、この訴訟は慶長十八年（一六一三）に幕府によって裁かれ、大浦への通運も可能との判決が、京都所司代板倉

江戸時代の大浦湊　推定復元模型　北淡海・丸子船の館蔵

勝重から出されている。しかし、元禄年間（一六八八～一七〇四）の大浦の船数は十七。海津の七十五、塩津の百十五に比して、断然数が少ない。海津・塩津の大湊に挟まれ、経済的に辛酸《しんさん》を嘗《な》めたというのが大浦の歴史だろう。

　この大浦には、浄土真宗本願寺派の蓮敬寺《れんきょうじ》という寺院があって、百二十点を越える戦国時代から江戸時代に至る古文書を有している。そこには、延享元年（一七四四）から明和五年（一七六八）に至る「船浦借用証文」という、他浦では見られない古文書が残されている。例えば、寛延三年（一七五〇）八月十一日付けの証文では、冒頭に「船浦借り手形」とあり、船持と見られる勘兵衛以下の十一人が、来年まで一年間にわたって「船浦」を貸して欲しいと述べている。

　十一人の船持の右肩には、「庄介浦」（三人）、「蓮敬寺浦」（五人）、「介左衛門浦」（三人）と墨書がある。この庄介・蓮敬寺・介左衛門は、問屋と呼ばれる運送業者であったが、丸子船係留地の所有権を持つ大浦の有力者と考えられる。かつては、六軒あったというが、この時代は三軒に減じていた。丸子船の船持たちは、この問屋から係留場所を借り、湊内に自らの丸子船をつなぐ場所を確保していたものと見られる。

明治八年(一八七五)十二月作成の大浦地籍図がある(次頁)。大浦の家屋は、北を上にしてT字を寝かした形の道路に沿って存在した。北へまっすぐ上がれば、冒頭に述べた敦賀への経路となる。家屋が湖岸に沿って横に並び、随所に船溜状の凹部を形成している。この凹んだ箇所に、丸子船が停泊していた。塩津の場合は、河川に縦列に丸子船が停泊していたので「河川型」の湊と呼んだが、大浦の場合は湖岸に対して並列に船が並んだので、「船浦型」の湊と言えると考える。この船の係留地が、先の文書で紹介した「船浦」に相当すると見られるが、現在においてはまったく伝承がない。

地籍図の内、集落の西端で橋が架かるのが大浦川。そこから集落の北に一筋の水路が東に向かって伸びる。この水路は護岸が改修されながらも現存し、瀬戸屋川と呼ばれている。瀬戸屋川の東の端には、四角い水溜が存在するが、ここは「大《だい》の瀬戸屋」と呼ばれた。現在の「北淡海・丸子船の館」南西の公園付近に相当するが、「だんべ船」はここまで入り、荷物の揚げ降ろしをしていたという。「だんべ船」とは、琵琶湖の艜《ひらた》船の一種で、船底が平らな農業用の小船だ。瀬戸屋川の川幅は狭く、とても丸

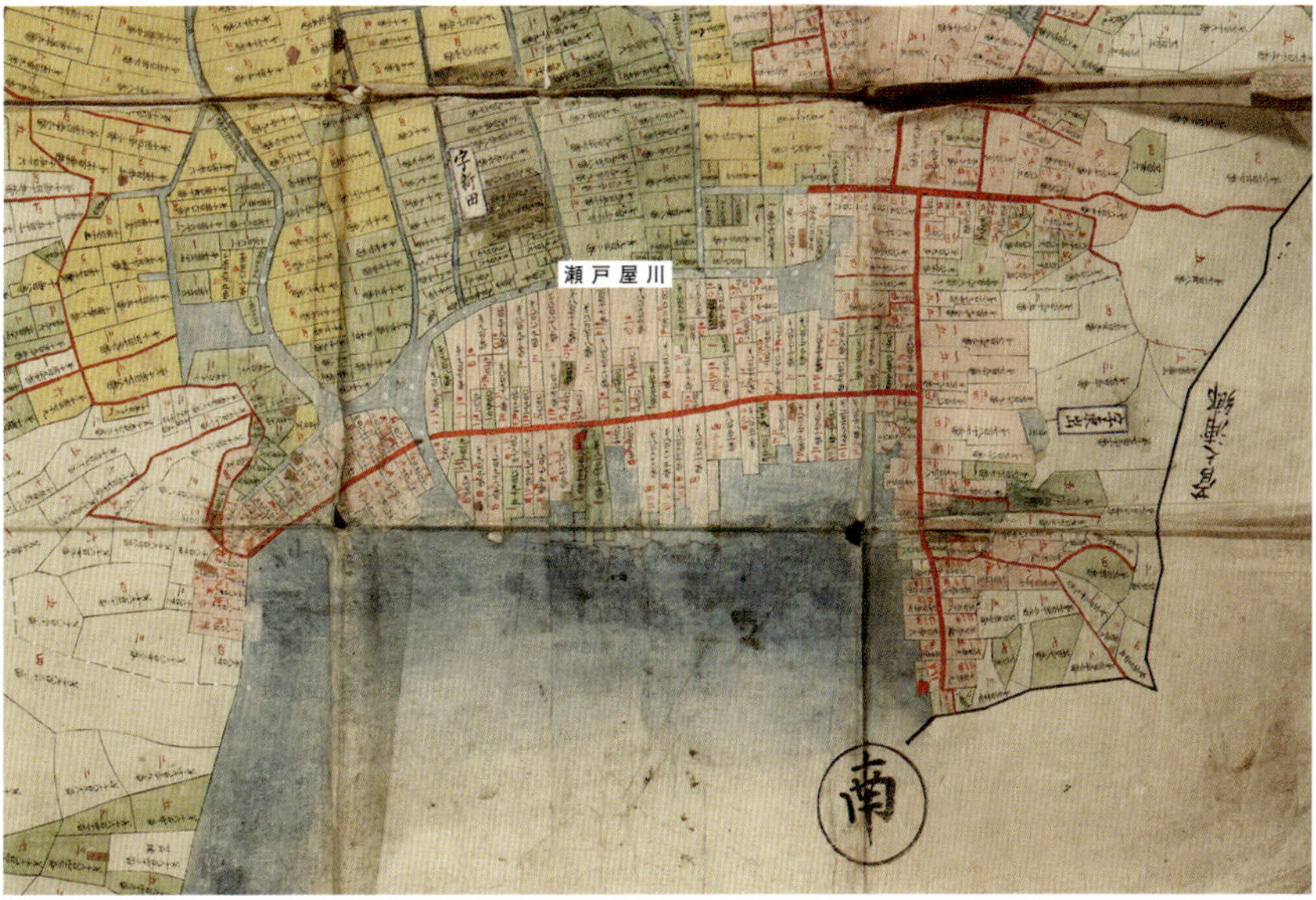

大浦地籍図（明治８年）　長浜市蔵

子船は入れなかったが、大浦川の河口付近までは荒波を避けて、丸子船が停泊することはあったという。

大浦の湊や湖岸は、昭和四十九年（一九七四）に全線開業した湖西線のトンネル工事で出た残土で埋め立てられた。つまり、昭和四十年代に江戸時代以来の「船浦型」の湊は消滅したのである。同時に丸子船の姿も大浦から消えた。現在、長浜市西浅井町には二つの丸子船が残る。一艘は塩津浜の国道八号沿いの道の駅「塩津街道　あぢかまの里」に、もう一艘は大浦の「北淡海・丸子船の館」に展示されている。前者が「勢湖丸」、後者が「神與丸」という船名だったが、いずれも大浦の住民が所持していた丸子船であった。大浦湊の姿は、この二艘の丸子船に接することで、我々の脳裏に蘇ってくる。

片山湊

片山湊は、伊香郡片山村（長浜市高月町片山）にあった。集落の後（東）に山本山から賤ヶ岳に至る山が迫り、その前（西）の琵琶湖との間に集落が存在する。その地名が示す通り、集落の「片側が山」の景観をなす。南は浅井郡石川村（同市湖北町石川）と接し、北にも賤ヶ岳への山並が続いている。伊香郡は湖岸に丘陵が横たわり、村が湖岸に接しないという、近江国内では特異な地形をしていた。かつての伊香郡内（明治三十年になって伊香郡となった西浅井郡域は除く）には、片山湊の他には山梨子湊と飯浦《はんのうら》湊があるのみだが、いずれも後背に山が迫る同じ地形である。彦根藩では前述三湊に浅井郡尾上《おのえ》湊を加え「北四ヶ浦」と呼び、長浜・米原・松原の「彦根三湊」と区別した。

片山村は「山越え」と呼ばれる峠道で、山の東に広がる伊香郡平野部の村々と結ばれ、そこからの年貢や薪炭等を船積する集散基地として栄えた。この片山村にあった湊の形は、昭和五十六年の埋立まではよく保たれていた。それは、集落の南に約二十メートルの幅で口を開いた池状に存在した。明治の地籍図を観察すると、湊の入口南には湖中に防波堤があったことが知られるが、その名残は昭和五十六年まで存在したことが古写真から読み取れる。湊の西にあった柳の北には、湖中へ突堤が出ていたことが明治の地籍図から確認できるが、これは明治時代の蒸気船の停泊地として造られたものであった。

埋め立てられる前の片山湊（昭和56年）　片山勝氏提供

この章では、琵琶湖の湊の形状を①河川型、②船浦型、③船入型に分類したが、第一項の塩津湊は①河川型、第二項の大浦湊は②船浦型であった。この片山湊は典型的な③船入型である。③の形状は、飯浦や月出・菅浦など比較的小規模な湊に多く見られる。さらに、片山湊のもう一つの特徴は、村最大の船持で本陣や帳屋を務めた片山源五郎家に古文書が存在することであろう。一三七二点にのぼるこの文書群には、江戸時代の琵琶湖舟運を解明する上で貴重な史料が多く含まれるが、その中で「廻船艫下《ともおり》(折)帳」の存在は特筆すべきものである。

江戸時代の琵琶湖では、自らの湊の船以外、つまり他浦の船でも規則に従えば荷出しが出来る仕組が確立されていた。荷積した船が湊に入ってきて、艫(船尾)を岸に着けた順番に、帳屋《ちょうや》に銭を渡し船主名を帳面につける。着岸した

江戸時代の片山湊（推定復元図）　佐々木洋一氏画

湊から荷積して再び出航する順は、その帳付の順番に行なわれた。この仕組のことを「艫折廻船」と言った。堅田・大津の船も、帳付して他浦で荷を積むことができたが、逆に他浦の船が堅田・大津に行った場合は、「艫折」順番荷の規則はなく、また仮に荷積して戻る場合でも一定の金額を、大津の船仲間「百艘船」に納入する義務があった。堅田・大津は中世以来、「他浦での荷積はするが、自浦での他浦の荷積は許さない」という湖上特権を有していたからである。

　片山源五郎家の文書に残る「廻船艫下（折）帳」は、同家が務めた帳屋が「艫折」＝着岸の順番を記したもので、宝暦十年（一七六〇）から天明八年（一七八八）までの約三十年間の記録である。どの湊にも帳屋が記録した「廻船艫折帳」が存在したと思われるが、現物が残るのはこの片山湊の一冊のみである。

この「廻船艫折帳」を見ると、各浦の船は毎年九月以降に入船し、出船は十一月から十二月であったことが分かる。秋の収穫物を荷積したのであろう。片山からの出荷物は、繊維や商品作物で、峠を越えて伊香郡平野部から輸送されてきたものであった。さらに船主の住所を見ると、記録された全三七四艘の内、片山湊が一六四艘、塩津湊が一四八艘、大浦湊が四九艘、飯浦湊が三艘、大津湊が一〇艘であった。自浦を除けば、塩津が圧倒的な点が注目される。塩津湊と大津湊との間には、琵琶湖舟運の幹線ルートが走っており、片山湊の役割は、伊香郡の村々からの出荷物を集め、この幹線ルートに乗せるための中間基地であったことが読み取れる。このような琵琶湖舟運の具体相が記された「廻船艫下帳」の価値は頗《すこぶ》る高いものと言えよう。

この荷物を運ぶ琵琶湖舟運も、十八世紀末には衰退の一途をたどる。これを受けて十九世紀になると、片山湊は北国から京大坂に向かう旅客を多く扱うことで、収入減を補填する営みを始める。その営みは、明治時代に至っても蒸気船の運航という形で引き継がれた。埋め立てられ広場となった湊跡にたたずみ、湖岸を走る湖周道路を高速で行くトラックを見る時、我々は琵琶湖という自然をもっと有効に活用できないのかと感じてしまう。

朝妻湊

琵琶湖岸に「朝妻」という湊があった。現在の米原市朝妻筑摩の北部である。江戸時代以後は湖岸の一村にすぎなかった当地は、古代から戦国時代まで続いた琵琶湖の要港として知られた。江戸時代を中心に湊の形状を考えて来たこの章の最後に、少し古い湊について記しておこう。

江戸時代の地誌『近江輿地志略』には、「此地《このち》古昔は湖東の大湊にして往来の船必此處《このところ》にかゝりて繁昌すといへ雖《ども》、百五六十年以前より船掛りする事もやみて其《その》形もなし、是慶長の頃より湊米原へ変るが故也《ゆえなり》」と朝妻湊のことを記す。一方、井原西鶴の『好色一代男』には、「本朝遊女のはじめは、江州の朝妻、播州（播磨国）の室津より事起りて、今国々になりぬ」とあり、朝妻が遊女の発祥地のように記すが、これはもちろん誤りである。

あまりにも魅惑的な「朝妻」の地名は、平安時代の「きぬぎぬの妻」（通って来た夫を朝送り出す妻）を連想させ、さらには船中で客を取る遊女の本拠という、誇張されたイメージを江戸時代の人々に植え付けた。西鶴より少し遅れて活躍した元禄の絵師・

英一蝶《はなぶさいっちょう》も、遊女を乗せた「朝妻船」を描いているし、江戸後期に出版された『近江名所図会』にも「朝妻船」の図が転載されている。歌舞伎の長唄の題材にもなった。

中世の朝妻が要港である限り、そこに遊女はいたであろう。しかし、朝妻がその発祥であるという話は、「朝妻」という語感と要港のイメージが一人歩きし、西鶴や一蝶を含めた多くの文化人が、憶測や類推をもって描いた妄想にすぎない。では、実際の朝妻湊は、いかなる場所で、どんな歴史があるのだろうか。

中世の湖上交通の幹線は、塩津・海津・今津といった湖北の湊から、大津・坂本へ至る航路であり、主に北陸方面からの物資が運ばれた。これに対して、京都から東国・尾張・美濃へと旅人のたどる道として、大津・坂本を出て琵琶湖東岸の湊へ至る航路が利用された。いわば、物資の南北ルートに対して、旅客の東西

朝妻湊付近図（明治26年測図地形図を基に作成）

ルートといえよう。その琵琶湖東岸の湊を代表するのが朝妻湊で、ここから北陸道の分岐点である八日市場（現在の米原市箕浦）を通過し、柏原から美濃へ入ったのである。

　朝妻湊の名は、平安時代からすでに認めることができる。天暦四年（九五〇）十一月二十日の「東大寺封戸《ふこ》庄園《しょうえん》并《ならびに》寺用《じよう》雑物《ぞうもつ》目録《もくろく》」（東南院文書）には、東大寺の美濃国封戸・百戸からの調絹《ちょうぎぬ》・庸米《ようまい》・租穀《そこく》の輸送費として、「朝妻定《さだめ》」の百二十石が計上されている。これら東大寺への納物が、美濃国境から八日市場を通り、朝妻から船積みして奈良へ運ばれたことが知られる。少し時代が下がるが、有識故実《ゆうそくこじつ》に詳しい公卿《くぎょう》として著名な一条兼良《かねら》は、文明五年（一四七三）五月四日、美濃に赴く際に坂本から乗船し、翌五日の明け方に朝妻に到着したと紀行文『藤河の記』に記す。一方、戦国の公卿・山科言継《ときつぐ》は、天文二年（一五三三）八月二十四日、尾張・美濃からの帰途、朝妻から乗船し坂本に向かったと日記に記す。

　現在、米原市の天野川の河口付近に「朝妻湊趾《あと》」と記された石碑が建っている。そこが湊跡だとするのが通説である。しかし、この通説には、明確な根拠かあるわけではない。明治初年の「朝妻筑摩村地券取調縮図《とりしらべしゅくず》」（米原市蔵）明治二十六年測図の地形図（前頁図）によれば、現在の天野川の流路から二・三百メートル南に、その旧河道が記されている。この図面で朝妻付近は、整然とした条里制田が広がるが、その耕地の

現在の「朝妻湊趾」の石碑

乱れとして旧河道が表されているのである。この事実は、この地域の条里制が施行された十世紀以後、川が現在よりも南を流れていたことを示す。

この点からして、現在の天野川河口付近に、湊の旧地を求めることはできないと考える。先の明治の地図をよく見ると、旧河道の東側（内陸側）は卵形に膨れており、小規模な内湖に見える。琵琶湖最大の湊である塩津湊が、河川そのものであったように、古代・中世の朝妻湊も、この河口付近の河川そのものや内湖にあったと考えられる。少なくとも、旧河道は現在の朝妻集落の南を貫通することになり、現状の地形で朝妻湊の位置を特定するのは意味がない。地元にはこの旧河道や内湖付近に、「だいもん」や「ばんば」など集落に関連する地名も残されて、湊にともなう市場の存在が推定される。「朝妻」という魅惑的で伝説的な地名を冠した湊は、その形状においても魅力ある景観を彷彿させる。

積荷の損害負担

江戸時代の海難事故は、幕府ないし武家荷物を運ぶ場合、荷損船損の単独海損を原則としていた（金指正三著『日本海事慣習史』、同『近世海難救助制度の研究』）。すなわち、荷物の損害は荷主が負担し、船舶の損害は船主が負担するというものである。しかし、民間の荷物を運ぶ際は、共同海損の慣行が一般化した。これは、買積《かいづみ》制を主に採用した北前船《きたまえぶね》では適用されず、運賃積をもっぱら行なった菱垣《ひがき》廻船・樽廻船において発達した方法である。すなわち、難船の際の捨荷や、破船による積荷や船舶の損害を、荷主と船主の両者で負担し合うことである。では、琵琶湖ではどうであったか。本書の難船記事を読んでみよう。

延享五年（一七四八）十一月九日の夜、当時、湖北の諸港から大津に向うには、舟木（高島市安曇川町）を目指し、そこから湖西の湖岸沿いに南下するルートが使われていた（『琵琶湖の漁撈生活』）ので、福井藩の米を積んだ塩津徳右衛門の船は、湖西の舟木に停泊していたが、強風にあおられ琵琶湖を横断して、湖東の柳川（彦根市）まで流された。その間、舵《かじ》にはねられ船頭一人が死亡しており、破船を防ぐため、福井米九十八俵を捨ている。漂着した柳川には、当地の領主にあたる彦根藩の役人と共に、越前福井から奉行「二組」が派遣され、現地での事故処理は十五日までに終了した。米を積んでいた他の領主との調停は、比較的速やかに進んだようだが、捨米（打米）の扱いをめぐってか、福井藩との調停は難航し、最終的な解決に至ったのは、翌年の四月のことであった。

福井藩との妥結内容についての詳細は、本書には見られないが、船主の徳右衛門は福井藩の残り米の船賃は残らず受け取ったものの、捨米の船賃は得られなかったとのみある。ただし、飯浦での保管料（庭米）は、全額支払われたと記している。この背景には、米の損害自体については、船主の責任は問われず福井藩の単独海損として処理されていたことを示しているのであろう。そうであれば、海上での武家荷物の損害は、荷主の単独海損とするとの慣習と一致する。

同じく延享五年十一月九日の夜の大北風により、湖西・舟木に停泊していた飯浦船三艘と塩津船一艘にも被害があった。飯浦勘平の小船・中船の二艘は、この北風にあおられ、積米が残らず濡れてしまった。同じく飯浦久五郎の船も同じ所にいたが、山梨子の孫右衛門からの俵物十五俵、同じく孫左衛門からの俵物三十俵程を積んでいた。しかし、この嵐で下積みが濡れ、商品にはならなくなってしまったが、船主久五郎は何の断りもなく、荷主の損害として処理している。この場合、民間の荷物であるが、濡れ荷による損害は、荷主の単独海損となっていることに注目したい。

次に、宝暦十三年（一七六三）十二月十六日、安養寺《あんようじ》村（長浜市安養寺町）の権右衛門の船が、湖西木戸・荒川（志賀町）付近で嵐に遭遇し、難船した時の記事を見てみよう。前日にも嵐に遭い、湖岸に難を逃れた権右衛門船は、この日も西風にあおられ、打米（難船を防ぐため湖中へ米を投棄する）しながら沖島《おきしま》（近江八幡市沖島町）まで流れた。船の積高五百三十一俵の内訳は、膳所藩の年貢米が二百八十一俵と、安養寺近在の売米二百五十俵であった。

沖島では、浦手形（証文）の発行を拒否され（後述）、大津に回漕する。大津では、幕府の船奉行を兼帯する大津代官所に事の次第を連絡、膳所米については城の近くへ陸揚げし、売米は大津浜に荷上げした。ここで注目すべきは、大津百艘船年寄の仲介により、捨米九十俵分を積米五百三十一俵の比率に「割合」＝配分し直して、損害分を荷主間で公平に割っている。膳所米にも売米にも打米が出たが、先の福井藩の例とは相違し、損害分の船賃も船主徳右衛門へ支払われている。

この難船についても、売米という民間荷物を積んでいたにもかかわらず、荷主の単独海損として扱われ、船主の責任や船の損害は、まったく考慮されていない。海上での難船が、民間荷物の場合、共同海損となったのとは大きく相違する。ただし、荷主間では捨米の損害を、もとの積高に合わせて、公平に負担する慣行があったことは重要である。

明和八年（一七七一）十月二十三日、孫右衛門船が、松原入口で破船したときの濡米処理についても、荷主間の損害公平分担が行われている。知らせを聞いて、早速松原に出向いた孫右衛門は、濡米を荷主の村々へ、積高に準じて公平に「割合」することで、事件の解決をはかっているのである。この破船では、「道板」が一枚抜けるなど、船にも損害があったにもかかわらず、船主と荷主が損害を分担する共同海損とはならなかった。

このように、海上とは異なり、琵琶湖上では共同海損の慣行が生まれなかったのは、「ひあらし」など琵琶湖特有の風により、難船・破船は絶えず起こりうるものの、海上に比べればその数は少なかった為かもしれない。船主・荷主は難船に対する備えを、海上ほどとる必要がなかったと考えられる。

ところで、安養寺船については、浦手形（証文）の発行を拒否されたとある。浦手形とは、漂着地の領主・代官の監督のもと、漂着地の村―浦方が作成した難船状況の証明書である。幕府は、沿岸住民に海難救助を義務づけると共に、法令の中でこの浦証文作成を定め、全国に徹底させた。これは、浦方・船方の違法行為―具体的には偽装海難を防ぐ意味があったが、海難の場合、その手続きが煩瑣《はんさ》な上、浦方に多大な経済的負担をかけるなど、多くの問題点をかかえていた。

安養寺船の例は、海上と同じく琵琶湖でも、難船に際して浦証文を出す慣行があったことを示している。ここでは、遠方で遭難し漂流して沖島に到達したこと、死人が出なかったことを理由に、浦証文の作成を拒否されている。沖島側が拒否したのは、海難と同じ状況があったからでもあろう。すなわち、証文の発行にともなう事故処理が、時間的にも経済的にも沖島＝浦方に、大きな負担となっていたのではないか。

塩津徳右衛門船の場合は、彦根藩領・柳川に漂着し、すぐさま、同藩船奉行・筋奉行から役人が派遣されている。幕府や諸藩の海難救助法では、難船した時、最寄りの湊につけ、その湊の領主・代官に届け出るよう取り決めているが、この場合も領主への届け出を怠っていない。ここでは、海上での通常の海難処理の過程を踏んでおり、記事では触れていないが、浦証文が出されたのではないだろうか。

以上、難船にあっては、海難救助の法に則り、領主への届出・浦証文の発行など、琵琶湖でも海上と同様な過程で処理されたことが分かった。しかし、輸送物資の損害処理の仕方につき、武家荷はもとより、民間荷についても、共同海損の慣行がないなど、海上とは考え方の違いがあることも読みとれた。

海上安全常夜燈（彦根市柳川町）　撮影：辻村耕司

第五章　琵琶湖の島

琵琶湖には、大きい順に、沖島・竹生島・多景島の三つの島がある。沖島は古来より住民があっただけに、それの歴史も織田信長や彦根藩が登場し、通常の近江の村と変わらない面がある。しかし、竹生島と多景島は、寺や神社のみが存在し信仰の島と言えよう。そして、四番目の島・沖の白石も祈りの場であったようだ。

沖の白石は高島市安曇川町南船木に所在し、安曇川河口から約五・五キロの沖合に浮かぶ。琵琶湖上からは最高で十四メートルを測る四つの岩である。この岩を島と言うには、はばかられるかもしれぬが、この地の水深が八十メートル、湖底から百メートルにも及ぶ岩なので、島との認識も成りたち得る。『近江輿地志略』には、「白石・立石」とし「水上に屹立《きつりつ》し常に顕はれて在り、満水にも隠れず」と記す。湖西からは三つ岩にしか見えず、別名「船木三ツ石」と呼ばれるが、祠《ほこら》跡があるので湖上の安全航行を祈る場所でもあった。日没時に白色に輝くと言う語源は美しいが、鳥の糞で白く見えるとの語源は聞き流すことにしよう。

竹生島

竹生島（長浜市早崎町）は周囲二キロ、琵琶湖に浮かぶ島としては沖島についで二番目の大きさである。国宝の都久夫須麻《つくぶすま》神社本殿や宝厳寺《ほうごんじ》唐門や重文の観音堂・渡廊が所在することで著名だが、島全体が国の史跡・名勝に指定されており、島そのものが文化財と言える。『竹生島縁起』によれば、当地には古来より浅井姫命《あざいひめのみこと》が鎮座し、水神として崇められてきた。特に、付近を通る船の安全航行を守る神として地域に根づいていたのである。この地に、初めて寺を開いたのは、奈良時代の僧行基であるという。天平十年（七三八）に、長《たけ》二尺の四天王像を造り、小堂を構えて安置したとされる。

平安時代には、天台の僧が多く来島、天台学を研鑽する為の修行の地として栄えた。その中で、十世紀中葉に至ると、天台寺院＝比叡山の末寺としての地位が明確化してくる。さらに、平安末期には、西国三十三所の巡礼が風習化し、竹生島も観音霊場の一つとして信仰を集めるようになる。南北朝時代までの西国三十三所は、巡礼寺院や巡礼順について現在と異同が多いが、室町時代までに竹生島が第三十番札所となるなど、今と同じ巡礼寺院と順番が確立したと言われる。

「順礼三昧」石碑（供養塔）　東近江市福堂町所在
撮影：池田典子

一方で、竹生島は弁才天（弁天）の島でもある。弁才天は本来仏教の水神であるが、天台宗の憎が、この島に古くから鎮座する浅井姫命と習合させ、祀り始められたと推測できる。弁才天は、「七福神」の一神にも数えられるように、神としても日本人の中には浸透していった。厳島《いつくしま》や江の島の弁才天は、この竹生島の影響を受け勧請されたもので、竹生島は日本で最初に弁才天信仰が根づいた地と言われている。

実は、平安時代に編纂された『延喜式』によれば、この島には都久夫須麻神社が存在したことが分かる。この神社は、中世から近世へと長く中絶していたが、明治維新になって政府の方針によって復活する。この時、江戸時代の弁天堂を神社本殿とした。以後、堂舎を神に譲った弁才天は、伽藍の上段の別堂に祀られることになった。

このように、竹生島の信仰は観音信仰と弁天信仰に集約できる。観音信仰は西国三十三所の巡礼者によって担われ、遠国の信者から信仰を集めた。弁天信仰はこの島が所在する浅井郡の祭・蓮華会《れんげえ》を中心に、地元の信仰を醸成していく。その姿は、中世から近代まで残る竹生島を描いた絵図からも、観音堂と弁天堂が並び立つ姿として伺われ、現代においても竹生島へ通う船から、観音堂と弁天堂だった神社が並存する姿を仰ぎ見つつ、着岸して島へ降り立つ。

この竹生島の信仰のあり様を知りうるのが、重要文化財となっている中世分の「竹生島文書」三七六点と、三二〇〇点に及ぶ近世分の「竹生島文書」である。中世の「竹生島文書」からは、室町幕府や近江の守護である京極氏・六角氏、それに戦国大名浅井氏、信長・秀吉から信仰されて来たことが読み取れる。近世分の「竹生島文書」からは、江戸や大坂で行なわれた出開帳の状況や、弁才天の祭礼・蓮華会催行の模様が細かく語られる。しかし、意外と知り得ないのは、島を訪れる庶民の姿、つまり巡礼者でどのように賑わったかである。

巡礼者の島への来訪は、中世から近世の日常の営みであり、島としては特に記録する必要がなかったというのが、その原因であろう。しかし、皮肉なことだが、巡礼者に事故があると、その実態が記され、その繁栄ぶりが後世に伝わる。『年々萬日記』の項で触れたが（七〇頁参照）、宝暦五年（一七五五）三月十七日の夕刻、湖西の木津《こうつ》（高島市新旭町饗庭）船籍の船が、巡礼者七十五人を乗せて竹生島から次の札所・長命寺を目指していた。ところが、不幸にも嵐に遭遇し、船頭三人の他、乗船客全員が溺死し、死骸が神崎郡福堂（東近江市福堂町）の浜に打ち寄せられたという。一周忌に当たり、供養塔が福堂に建立されたが、その裏面には被害者の出身地が記される。播州二十人、紀州十六人など近畿地方の巡礼者が目立つ。

湖東の早崎（長浜市早崎町）の要誓寺の過去帳には、明和九年（一七七二）から万延二年（一八六一）に至る間、早崎の巡礼宿へ逗留中、または島において死没した巡礼者九名の名が記されている。彼らの出身地は、常陸・長門・伊予・播磨などであり、江戸時代における竹生島巡礼の全国的な広がりを確認できる。地元の住民にとっては弁天の島、巡礼者・観光客にとっては観音の島という現代の姿は、すでに江戸時代には確立していたのである。

参拝者で賑わう竹生島弁天堂
撮影：辻村耕司

竹生島では蓮華会《れんげえ》という弁才

天の祭礼が現在も行なわれている。毎年八月十五日に、先頭《せんとう》と後頭《こうとう》と呼ばれる二人の頭人《とうにん》（先頭は後頭の経験者が当てられる）が、弁天像を島に奉納し法要が行われる。頭人は旧浅井《あざい》郡出身者と古くから決められていたが、最近はその子孫であっても頭人をつとめることがある。旧浅井郡の人々は、蓮華会の頭人に選ばれたことを「頭がさす」といい、非常に名誉なことと誇りに感じた。頭人をつとめるには経費もかかるところから、旧郡内の富裕者しか選ばれないのである。

この行事の淵源は、実に平安時代まで遡る。『慈恵大師僧正拾遺伝《じえだいしそうじょうしゅういでん》』は比叡山の中興・良源の伝記だが、貞元二年（九七七）の記事として、竹生島で法華経を書写し、弁才天を荘厳する法要の後、僧が乗船し散華することが記される。さらに、楽人も乗り込み龍頭鷁首《りゅうとうげきしゅ》を載せた船が使われている様を描く。蓮華会の文字は見えないが、正しく後世の蓮華会そのものであった。一方、応永二十八年（一四二一）二月の「竹生嶋衆徒《しゅと》等目安案」では、蓮華会の起源は、円融天皇が良源に命じて始めた雨乞いの法会にあるとする。いずれにしても、旧浅井郡出身と言われる慈恵大師・良源が、この祭礼の起源に大きく関わっていたと推測される。

竹生島に残る古文書上で、蓮華会が初めて登場するのは、正安元年（一二九九）三月五日付けの「山門衆会事書案《さんもんしゅうかいことがきあん》」である。この文書では、竹生島の北にある浅井郡塩

竹生島空撮　長浜市提供

津庄の「弥太郎男《やたろうだん》」が、蓮華会の頭人をつとめないと、竹生島の本寺にあたる比叡山から訴えられている。蓮華会頭人をつとめるには、相当の経費を要したため、この男は指名されても勤仕を拒否したのだろう。このような事例は、竹生島に残る古文書の随所に確認できるが、一方で「頭役差状《とうやくさじょう》」という竹生島からの頭人任命書も、島の文書に中世分四通が残っている。

竹生島を統治した戦国大名は、小谷城主の浅井三代である。小谷城や浅井氏の出身地・丁野《ようの》（長浜市小谷丁野町）も浅井郡内であったので、同氏の竹生島への信仰は格別のものがあった。亮政《すけまさ》・久政・長政の浅井家当主たちは、数々の安堵状・寄進状を島に残している。また、この蓮華会の頭人をつとめる。

竹生島祭礼図（左下隅に三ツ盛木瓜が見える）

「蓮華会頭人門文録《とうにんかどぶみろく》」によれば、永禄九年（一五六六）には二代目当主の久政が、永禄十年（一五六七）にはその生母・寿松《じゅしょう》が頭人をつとめており、その旨の墨書がある奉納弁才天像も残っている。

この浅井氏が頭人をつとめた際に描かれたとされるのが、東京国立博物館蔵の「竹生島祭礼図」（以下、東博本と呼ぶ）である。全体に竹生島の伽藍を描き、その前面に蓮華会頭人たちの「船渡御《ふなとぎょ》」の様子を描写する。永禄元年（一五五八）にあった竹生島大火直後の状況を描くと見られるが、「船渡御」の先頭を行く金翅鳥《こんじちょう》船の幔幕に、浅井氏の家紋「三ツ盛亀甲」が染められている。本図は、この描写から浅井氏が蓮華会の頭人を勤仕した時の記念に制作されたと考えられている。

最近、この東博本と瓜二つの「祭礼図」が発見された。それは、平成二十八年三月一日から五月十五日まで、滋賀県甲賀市にあるMIHO MUSEUMで開催された特別展「かざり―信仰と祭りのエネルギー」に出陳され、初めてその存在が明らかになった。竹生島の景観や筆致は東博本とほぼ同じだが、新出図は島の頂部を欠き、湖水面が狭いなど横長に描かれている。あるいは、絵の上下を何らかの理由で切りとっているのかもしれない。

東博本と同じく蓮華会の「船渡御」を描くが、先頭を行く金翅鳥船の幔幕には、越前の戦国大名・朝倉氏の家紋「三ツ盛木瓜《もっこ》」が染め抜かれている。周知のごとく、越前朝倉氏の当主・義景は元亀元年(一五七〇)から始まった元亀争乱において、浅井氏と同盟を結び、織田信長と敵対した人物である。竹生島とは縁もあり、朝倉義景は元亀二年(一五七一)六月二日に、菊一文字の太刀一腰を島へ奉納した。

朝倉氏が蓮華会の頭人をつとめたとしたら、浅井郡以外の者に「頭がさした」ことになり異例のことと言えよう。竹生島は義景が太刀を奉納した翌年七月、織田信長によって大砲や大筒で砲撃されている。竹生島は戦乱の渦中にあったからこそ、そういった異例もまかり通ったのかもしれない。ともかく、この新出図の詳細な研究が俟たれる。

沖島

沖島《おきしま》は琵琶湖の東岸、伊崎寺《いさきじ》がある伊崎山（近江八幡市白王町）の沖合い約一・五キロに位置する島で、周囲約六・八キロ、面積約一・五平方キロメートルの琵琶湖最大の島である。行政地名では近江八幡市沖島町となり、現在も約四百人が生活する日本で唯一の「淡水湖に浮かぶ有人島」だ。島の西南部に集落が形成されているが、市立小学校・幼稚園や郵便局も設置されている。ただ、自動車が島内にないので信号機も当然ない。各家庭で一隻以上の船を所有しているのは、車に代わる交通手段ということであろう。

島の住人の先祖は、保元・平治の乱に際しての源氏の落武者七人と伝える。しかし、近辺の湖底からは縄文土器や、和銅開珍など奈良時代の貨幣・皇朝十二銭が採集されており、保元・平治の乱があった平安後期以前から人々が生活していたのは間違いない。室町時代の寛正四年（一四六三）には、琵琶湖東岸にある近くの大島神社（近江八幡市北津田町）の鳥居奉加に、沖島の村人が五百文を出していた記録が残る。

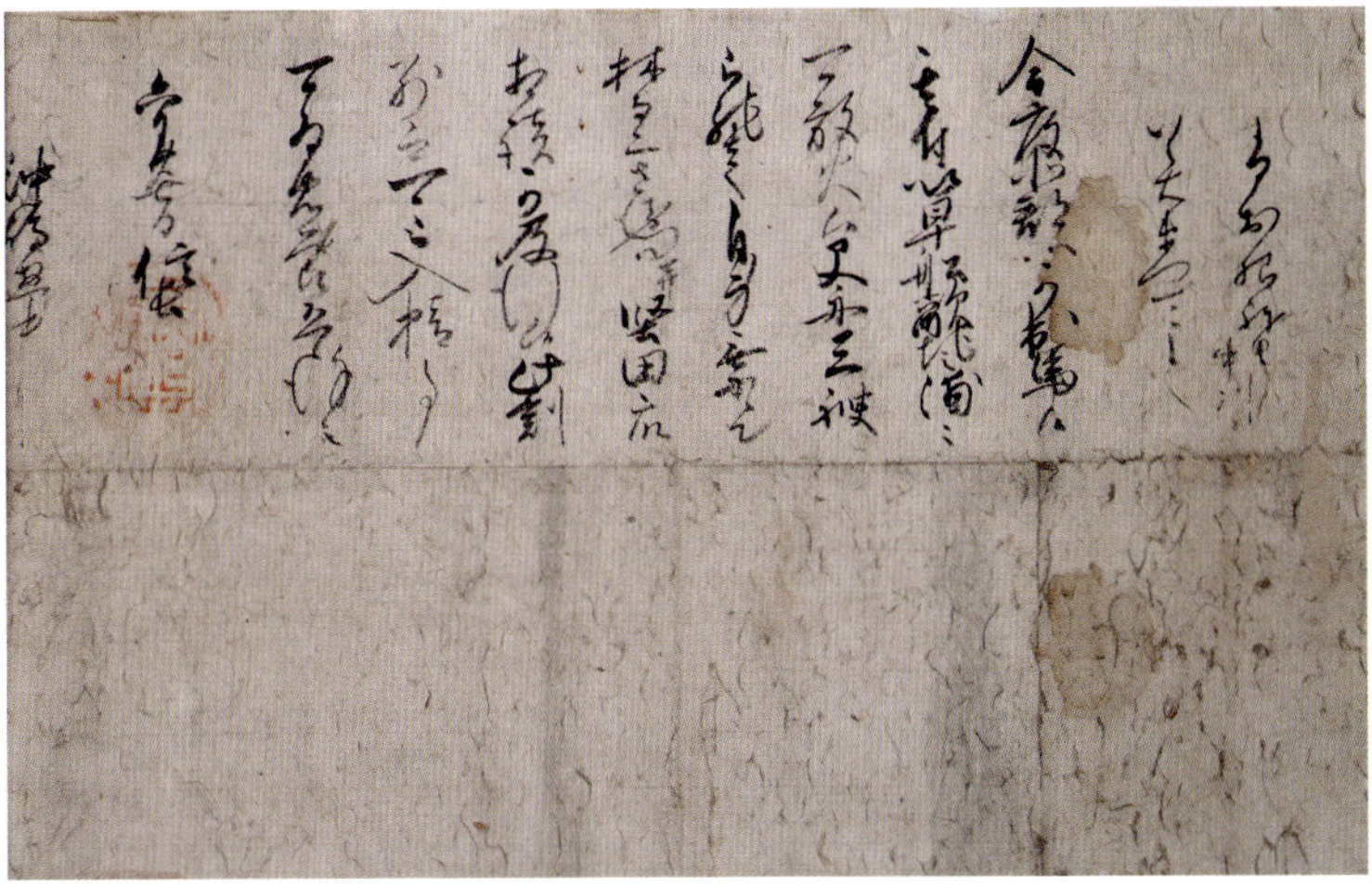

織田信長朱印状　沖嶋惣中宛　元亀３年６月27日付　近江八幡市史編纂室提供

同じく近くの長命寺に残る「下用帳《げようちょう》」(支出帳簿)によれば、天文三年(一五三四)から同十一年までの間、塩・「破木」・「矢楯材」・材木・馬・兵糧米などの輸送に当島の廻船・船頭・人夫が従事しており、琵琶湖の対岸である湖西の高島郡の諸湊や、滋賀郡の小松・堅田を結ぶ湖上交通上の拠点であったことが知られる。戦国時代における琵琶湖の湖上交通については、堅田が排他的な権限を有していたが、その支配の下に永正三年(一五〇六)からは廻船警護料を徴収する関所が島に設けられた。永禄八年(一五六五)頃にはその権限は沖島の惣村に移っている。

江戸時代には、彦根藩領と伊崎寺領の相給《あいきゅう》となり「沖之島村」と書かれた。現在は「おきしま」と発音するが、江戸時代は「おきのしま」と呼んでいた。江戸時代の地誌『近江輿地志略《よちしりゃく》』も、「沖島」と書いて「おきのしま」とルビをふっている。「おきしま」は近代になってからの呼称だ。彦根藩へは海年貢の他、網運上銀や船運上銀などが納入されており、琵琶湖で漁業特権を持った堅田との訴訟も繰り返している。

沖島の総世帯の約七十パーセントが漁業組合に加盟していることから知られるように、漁業は今も島の中核産業である。『近江輿地志略』には「漁人多く此《ここ》に住み、其《その》島の石を取って之を売る」とあり、漁業の他に採石も行なわれていたことが知られるが、石の売買は戦前まで続いた。これらの石材は、島に出入りする丸子船で琵琶湖の諸浦に運ばれていたものであろう。ちなみに、慶安四年（一六五一）の「丸船改帳」では、四十五石から五石までの丸子船八隻が、沖島船として登録されている。

この沖島には二通の織田信長からの文書が伝来する。一通は永禄十一年（一五六八）九月付けで、「沖嶋」に宛てた三ヶ条の禁制である。この月、織田信長は岐阜から足利義昭を奉じて入京しており、途中で道を譲らない戦国大名六角氏の観音寺城などを攻撃、同氏を甲賀に追った。この禁制は、六角氏との戦いにおいて、沖島に危害を加えないことを信長が誓約したものである。三条目には、沖島の「廻船」の邪魔をしない旨が記されている。ここから、沖島には戦国時代にも「廻船」を生業とする人が多かったことが読み取れる。

もう一通は、元亀三年（一五七二）六月二十七日付けで、「北郡」攻撃のための早船

沖島空撮　近江八幡市史編纂室提供

三艘の出動を依頼した朱印状。「北郡」とは、近江北部を領した戦国大名・浅井氏の領国を指すが、信長は元亀元年（一五七〇）から四年間にわたって、越前朝倉氏に与同し信長と敵対した浅井氏の小谷城を攻め続けていた。ここでは、沖島の住民が乗船した早船で、敵地を攻撃する作戦を、高島郡打下《うちおろし》村（高島市勝野）の地侍・林員清や堅田衆と相談して行なうよう命じている。信長の行動を記した『信長公記』によれば、翌月二十四日に林員清が中心となって北近江の諸浦を焼き、竹生島を大量の火器で攻め立てており、この朱印状に見える沖島への作戦が実行されたことが知られる。

沖島は湖上交通上の重要拠点だけに、信長の軍事利用も度を超えていた可能性がある。結果、島の住民は信長と浅井氏との争いに巻き込まれた。沖島の歴史は、今の景観からは考えられないほど過酷であったのだ。戦乱の波に翻弄された島人たちの苦悩を、この二通の信長文書は示して余りある。

多景島

琵琶湖の島の中で、沖島・竹生島に次ぐ三番目の大きさとなるのが多景島《たけ》である。その周囲はおよそ六百メートル、東西方向に当たる長辺は約二百メートル、最大幅は約七十メートルを測る。島の頂部は標高一〇五・二メートルで、水面からの比高差は二十メートル。彦根市八坂町の地先に位置し、その湖岸からは約五キロの位置にある。織田信長の年代記『信長公記』に、安土城から見える景色として、「竹嶋（多景島）とて峨々《がが》卜聳《そび》へたる巌《いわお》あり」と記されているように、断崖絶壁に囲まれたこの島を、戦国時代には「巌」つまり「岩」と把握していた。現在は無人島であるが、島の南側に遊覧船用の桟橋が二ヶ所あり、島全体が日蓮宗見搭寺《けんとうじ》の境内となっている。

この島の歴史を考えるには、まず享保十五年（一七三〇）に成立した「江州多景嶋霊夢山見搭寺縁起」を紐《ひも》解く必要がある。そこには、島には古くから高さ六間の巨石が存在し、その下から法華経を読む声が聞こえていたという。人々は、これを経石と呼んだ。明暦元年（一六五五）正月五日の夜のこと、長浜妙法寺の慈雲院日靖《にっせい》上人が見た夢に尊者が現れ、日靖を湖中の島に誘い、ここが浄土と広めよと示現を受けたとい

多景島（北より望む）　滋賀県教育委員会『多景島湖底遺跡Ⅰ』（1983）より転載

う。夢がさめて、多景島の経石の話を聞き、島を訪れてみると、正しく尊者によって夢の中で連れられてきた浄土そのものであった。上人は多景島に五間の高さの石塔と庵室を建立することにした。これが見塔寺の開基である。

しかし、日靖は独力では石塔を建立し難いので、彦根藩家老の木俣守安《きまたもりやす》の援助を受け、彦根藩の船や道具を使って成就したという。石塔が島に運ばれたのは明暦七年（＝万治四年・寛文元年、一六六一）八月二十三日のことで、庵室が共に完成したのは八月二十九日、島で落慶法要が行われた。ここで言う石塔は、島の釣鐘堂の背後に現存する七重塔のことであろう。

その高さは約八メートルで、下部の二つの塔身は江戸時代のものだが、その上下にある基礎・笠・相輪は、中世以前のものと推定される。下の塔身には多くの文字が記されており、万治二年（一六五九）六月二十八日に死去した彦根藩第二代藩主の井伊直孝《なおたか》を、第三代藩主の直澄《なおすみ》が供養するとの、万治四年（一六六一）六月十五日の銘が刻まれている。「日蓮宗の島」としての信仰には、彦根藩井伊家や家老・木俣家が積極的な支援を行っていた。

この後、元禄五年(一六九二)に至り、以前から島にある経石に京都妙顕寺の日耀上人の書になる「南無妙法蓮華経」の文字が刻まれた。足場が悪いので、石の上からモッコを吊るし、そこに開山日靖が乗り、約三年半かかって彫り上げたという伝承が残る。この題目を刻んだ経石は、島の東の端近くに南を向いて今も立つ。

島の中央部、見塔寺の庫裏の西側平地に墓地があり、二十六基の石塔類が建つ。その中でも、先端を山形に切った板碑は、正面に「南無妙法蓮華経」の題目を刻み、高さ二メートル余りを測る、ひときわ目立った塔婆である。この板碑は開基である日靖が明暦元年(一六五五)四月二十五日に建立したものであることが、その銘文から知られ、先の「縁起」にも記された「八尺の塔婆」に当たるとみられる。島内に現存する石造物としては最も古く、石塔寺の開基を物語る遺物として貴重だろう。この墓地には、享保二年(一七一七)から同十七年(一七三二)の銘を切る、高さ八十センチ程の笠塔婆が建つが、「妙法」の文字の下に戒名が記され、江戸中期における日蓮宗信仰の持続が読み取れる。

大正十三年(一九二四)に至り、先の七重塔が建っていた位置に、新たに「五箇条の御誓文」を刻んだ、高さ約十八メートルを測る、五角形の大銅柱が起工される。七重

左　多景島の経石（南から）　右　彦根藩井伊家によって建設された多景島七重塔
滋賀県教育委員会『多景島湖底遺跡Ⅰ』（1983）より転載

塔は島の中心をこの銅柱に譲り現在地へ移された。

なお、昭和五十七年・五十八年（一九八二〜八三）、観光船の寄港桟橋付近を中心に湖底遺跡の調査が行われ、多くの遺物が採取されている。それらは、縄文時代から始まり古墳時代まで、さらに平安時代にも及び、官衙系の工房で製作された土師器の椀などが出土している。中世の遺物は少ないが、安土桃山時代から江戸時代に至り増加の傾向にある。考古遺物の出土は、日靖によって見搭寺が建立される以前から、琵琶湖を行き来する人々の生活や信仰がこの島に向いていたことを示す。現在、島にある石塔群からは日蓮宗以外の信仰は見受けられないが、古代からの信仰は多彩な姿を持っていたのであろう。

船内部でのトラブル処理について

元文三年（一七三八）の暮に、尾上の徳左衛門が月出（長浜市西浅井町）まで行った際、船頭の甚吉郎と弥次兵衛が、櫓を一挺落してしまった。この問題は、なぜか翌年の暮になって山梨子村で相談にかけられ、櫓代金八匁五分を、船主と船頭二人、それに山梨子村十三軒で三分割して負担することになった。山梨子村が負担しているのは、船頭二人が山梨子の住人であったからであろうが、構成員の過失を村全体の責任として、補償を行なっている事実は注目に値する。江戸時代の村落の互助的な機能を読み取ることができる。

次に、寛保元年（一七四一）の伝十郎の金銭紛失事件について見てみよう。文意が取れないところもあるが、本件のあらましは以下のようである。山梨子の住人とみられ、奉公に出ていた源次の子伝十郎は、大津の加賀屋五郎兵衛から九貫五文を預り湖北の雨森（長浜市高月町）まで、片山源五郎船に乗って運ぶことになった。しかし、船中でこの金銭を紛失、大津五郎兵衛から京都所司代へ訴えられ、船主の所属する片山村と、伝十郎が所属する山梨子村が調停に入り、訴訟処理にあたっている。結局、九貫五文の内五百文は、加賀屋五郎兵衛の負担、二貫二百五十文は受取り主の雨森の負担、残りを伝十郎が償うことになった。

さらに、この紛争処理に要した山梨子村庄屋の出張経費なども、伝十郎持ちとなった。伝十郎の補償総額は、相当にのぼったのであろう。山梨子・飯浦・片山では「奉加」を行い、伝十郎の負担を助けている。個人の過失について、村全体で対処していることはもちろん、その賠償について、本人の住む村が隣村も含めて、援助を行うという事実は、先の櫓流失の事故と同じく、村落の互助的な役割を伝えてくれる。

本書は、船員間のトラブルについても、記述が及んでいる。先に記した延享三年（一七四六）三月の幕府巡見使来訪の際、山梨子孫右衛門の船には、船頭として治介を乗せる予定であった。ところが、片山まで行った八日の晩になって、同僚の甚太郎・源十郎が、別の船で片山まで来ていた庄屋与左衛門を通して、治介は普段短気なので、乗船させないよう申し入れてきた。両者は、その日喧嘩でもしたのであろうか。ともかく船主の孫右衛門もこれに従い、治介を船から降ろした。

突然、船外に出された治介は、「其《そ》の方共ニ難儀かけ申し候事之《これ》無く候《そうろう》、然《しか》る所ニ他所へ参り恥辱かゝせ申し候間、此の儀急度せんぎ致し申さず候えぬば、成り申さず候」と大変な剣幕である。困った孫右衛門らは、次左衛門に仲介してもらい事を収めようとするが、紛争は彦根藩筋奉行所まで持ち込まれる始末であった。しかし、奉行所では地元で和解するよう勧める以上は対策がなく、何とか仲介者の奔走により、治介をあしざまに言った甚太郎らが謝罪することで解決した。同二十五日には、関係者が彦根の奉行所へ礼に行っている。

船員の不仲によるいざこざが、彦根藩奉行所まで持ち込まれたのは、おそらく幕府巡見使の役船という、公的な仕事にかかわる時のことであったためとみられる。しかし、このような事件は、琵琶湖のどの船でも、当時多かれ少なかれ起きていたことであろう。記録には普通残らない、このようなささいなトラブルを、細かに記していることも、『年々萬日記』の史料として魅力的なところである。

以上、『年々萬日記』の舟運関係記事について、解説を加えてきた。ここには、これまであまり知られていない、船運航に際しての実態的・日常的な記述が多く、琵琶湖の舟運史には、多くの示唆を与えてくれると思う。

本来であれば、膨大な研究史をもつ近世海運史研究を考慮に入れ、それと比較検討を行うべきであったと考える。そうであってこそ、舟運における琵琶湖の独自性が現れてくるからである。難船記事については、多少そのような視点で記述を試みたが、筆者の力量の不足から充分とは言えない。

ただ、もう一点海運との比較ができるのは、船員の呼称についてである。本書によれば、船の乗組員一般を「船頭」と呼んでおり、船頭が複数同じ船に乗っている。しかし、海上での「船頭」とは、いわゆる船長のことで、その下で働く船員は水主《かこ》と呼ばれるのが普通である。琵琶湖でも、船長を指す船頭の使用例はあるようだが（彦根藩船奉行定書（尾板憲三氏文書・『近江長浜町志』二（一九八八年、臨川書店）所収）、本書の例からすると船頭＝船員という使い方が、琵琶湖では一般的であったのかもしれない。

このような海上と琵琶湖での舟運における慣行の相違についての詳細は、今後の課題として、ひとまず筆をおくこととする。

本書に登場する湖岸地名

（城郭と街道については30頁参照）

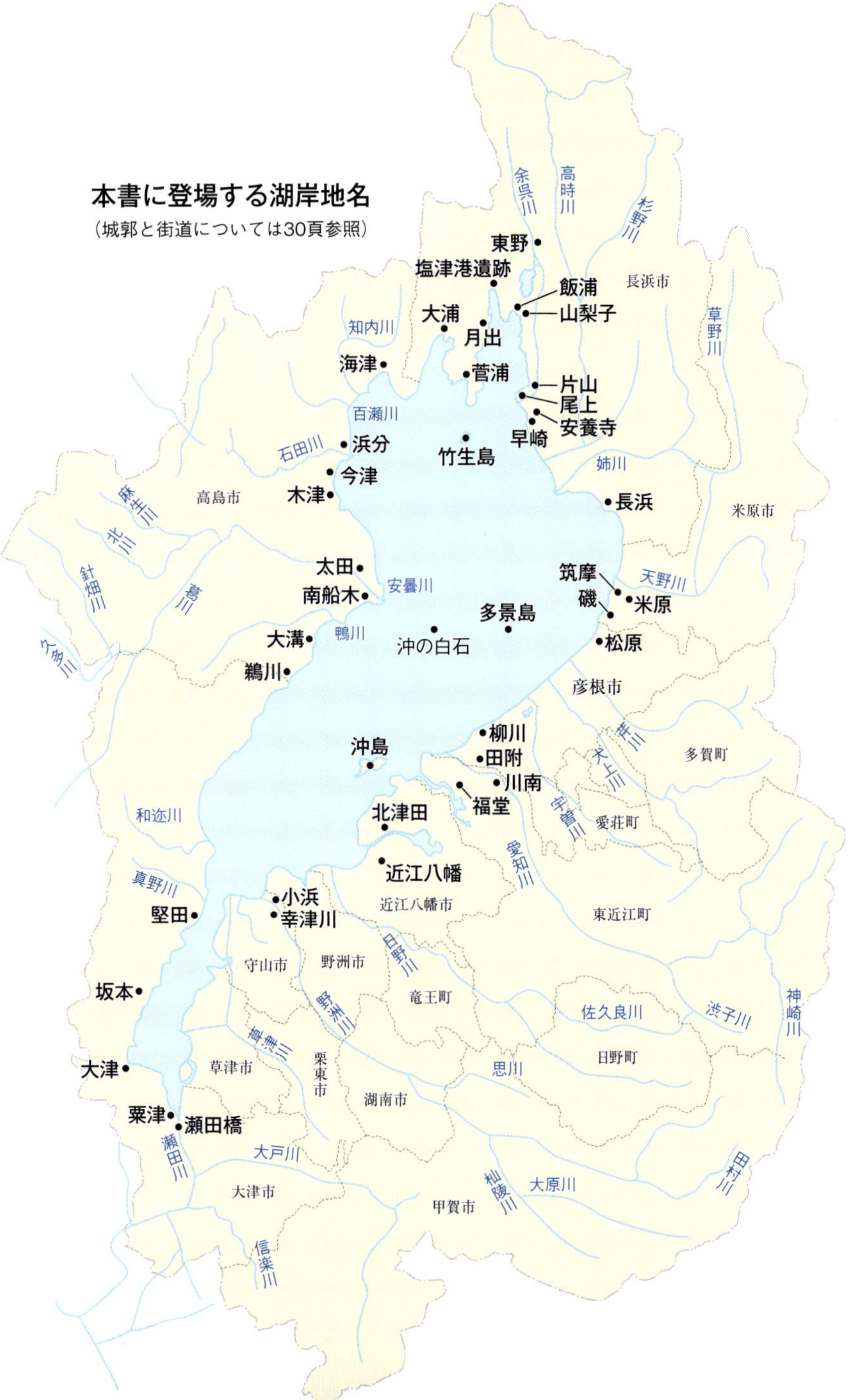

第六章

琵琶湖と漁業

琵琶湖には歴史的には多種多様な漁法が伝えられてきた。ここで紹介した延縄漁《はえなわりょう》・追いさで漁・鵜飼漁・魞漁・簗漁の他にも、沖びき網漁・刺網《さしあみ》漁などがあり、河川では筌《うけ》漁や四ツ手網漁が知られる。特に琵琶湖独自の漁ながら、今は消滅したものにトリモチ漁(モチナワ漁)がある。これは、魚ではなく鳥を獲る漁だった。夜中に湖に出て、船からモチをつけた藤蔓《ふじづる》を鴨が寄ってくる水域に流し、夜明けになったらモチについた鴨を引き上げるというもの。

堅田から沖島・能登川、さらに湖北の尾上・片山(以上は長浜市内)の村々で行なわれていたというので、広く琵琶湖岸では見られた漁であろう。モチを船に積んだコンロで熱してから流したのは、鴨のつき具合をよくするため。波のある日の方がよく獲れたというから、鴨は波で方向を失い、モチにつく場合が多かったのだろう。昭和四十六年に琵琶湖全体が鳥獣保護区に指定されて以来、この漁は行なえなくなったが、鴨鍋と共に琵琶湖を象徴する民衆文化と言えよう。

中世の漁場争いと漁法

琵琶湖には、五十数種の淡水魚が棲《す》んでいる。これだけ多くの魚が棲んでいる淡水域は、日本でも類例がないそうだ。しかも、その中には鮒鮨《ふなずし》の食材であるニゴロブナや、酢漬けが絶品なホンモロコなど琵琶湖のみに生息する固有種が十五種もあるという。このように多様な魚類が生息する理由は、その深さと広さにある。特に、北湖は水深があるので、湖底近くには夏でも水温が七・八度という冷水帯が存在する。さらに、竹生島周辺では岩礁が発達、湖岸には葭《よし》が茂った水草地帯があり、また砂浜も随所に見られる。このように、琵琶湖の垂直・水平方向への広がりと水中環境の多様さは、エサ・水温・地形の面で様々な生態を持った魚たちに、それぞれに相応しい棲家《すみか》を用意したのである。

この琵琶湖の魚を捕獲して食材とするための漁法も多種に及ぶ。たとえば、滋賀県立琵琶湖文化館が発刊した『琵琶湖の魚と漁具・漁法』（昭和五十九年刊）という特別展図録によると、春の漁として六種、夏は九種、秋は六種、冬は五種、合計二十六種の漁法が紹介されている。多彩な漁法は、周辺に住む人々と琵琶湖の関わりを示す歴史

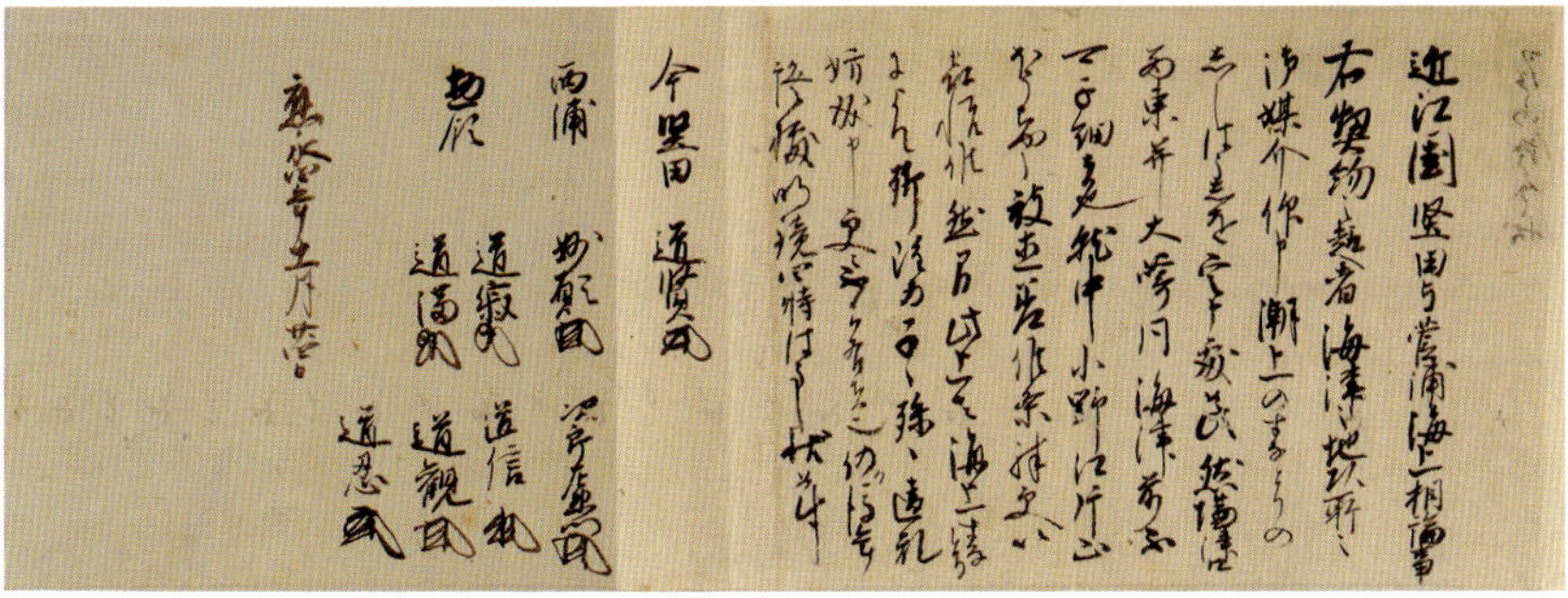

応永4年（1397）の堅田・菅浦漁業契約状　長浜市西浅井町菅浦自治会蔵

そのものと言える。

中世から近世の琵琶湖の漁業を考える場合、堅田の湖上特権は重要なポイントである。堅田は十一世紀の後半に、京都の下鴨社の御厨《みくりや》となり、贄《にえ》を下鴨社へ貢進する供祭人《ぐさいにん》と呼ばれた。御厨となった同時期の寛治四年（一〇九〇）には、上賀茂社の御厨であった安曇川《あどがわ》の供祭人と、川の漁獲高の半分を渡すよう争ったことが「加茂社諸国神戸記」に見える。堅田の権限が安曇川周辺にも拡大していた状況が読み取れる。この堅田の湖上特権とは、下鴨社の供祭人としての立場を背景にしたもので、その漁を行う場所を神領とみなし、湖全体における自由通行と漁業の優先権を主張するものであった。この特権は南北朝時代から室町時代初期に強化されていく。十三世紀中葉には、沖の葭《よし》をめぐって守護佐々木と対立、堅田が勝利したという伝承が『本福寺《ほんぷくじ》跡書』に記されている。

堅田の他浦への優越権が伸長する中で、当然問題となってくるのが、地先の水域を漁場とする他村との衝突である。その実情が顕著に知られるのは、中世の自治村落として著名な菅浦（長浜市西浅井町菅浦）との争論で、応永四年（一三九七）のことであった。菅浦の漁域に堅田が網を入れたことが問題となったもので、菅浦の漁場を海津より北とする契約状が堅田から提出されている。それは、同年十一月二十四日付けで、今堅田・西浦（後の西切）・惣領（後の宮切）に分かれた堅田の代表者の名前で、「近江国堅田と菅浦海上相論の事」と題された契約状であった（前頁写真）。本書では、菅浦の漁場を塩津口西東・海津大崎西東・海津とし、特に菅浦対岸の小野江《おのえ》（長浜市湖北町尾上）や、片山（同市高月町片山）地先も、菅浦の漁場として約束された。

一旦は契約が成立したのだが、その後も堅田と菅浦の争いは絶えなかった。「菅浦文書」に残る書状からは、堅田が菅浦へ出撃するとの噂があったが、浅井郡安養寺（長浜市安養寺町）の地侍で京極氏の被官であった安養寺氏が仲介に入り、出撃に至らず問題は解決したようだ。この争いの中での菅浦の主張は、昔より菅浦地先の十八町（約二キロ）の内は、堅田に網を打たせないことになっているが、その慣行を堅田が破ったので実力行為に及んだとある。

この菅浦では実に多様な漁法が近代に至るまで行なわれていた。琵琶湖総合開発にともなう民俗文化財報告書『びわ湖の漁撈《ぎょろう》生活』（昭和五十四年刊）では、菅浦での漁と

追いさで漁　写真提供：滋賀県

して定置網漁・すくい漁・底曳網漁・釣漁・筌《うけ》漁など多様な手法が紹介されている。この中で、小糸網と呼ばれる刺網《さしあみ》を仕掛ける定置網漁や、釣糸を流す延縄《はえなわ》と言われる釣漁は、菅浦の湖岸から離れた沖合いで行なわれた。中世の堅田の進出と衝突したのは、この手の漁法と推定される。

菅浦から高島郡に至る北湖で行なわれた漁法で特殊なものが「追いさで漁」だろう。これは、カラスの羽根二枚がついた三間（約五・四メートル）余りの竹製の「追い棒」でアユを追い、それを一辺二間余りの三角形をした「さで網」ですくうものだ。この漁法には開けた湖岸が必要で、最低二人一組で行なわれた。琵琶湖の春を告げる風物詩となっている漁だが、中世まで遡及《そきゅう》できるかは古文書が残らず分からない。

鵜飼漁

竹生島には琵琶湖で中世行なわれていた鵜飼漁に関する興味深い文書が残されている。享禄二年（一五二九）四月五日、北近江の守護家京極氏の奉行である山田清氏と大津清忠が、竹生島年行事に対して、竹生島領であった早崎と、隣村である安養寺の鵜飼漁をめぐる争いに関して判決を下した奉書である。

ここで問題となったのは、安養寺の村人が鵜飼漁を、その南の早崎村地先の湖面でも行なったことである。それを、竹生島領の早崎が訴えた。早崎側の主張によれば、安養寺は湖面の侵略のみでなく、道や堀切の差し押さえにも及んだという。京極氏としては、鵜飼漁も道や堀の差し押さえも、安養寺村の新儀な行為と断じ、その停止を認めている。すなわち、安養寺村の鵜飼漁は、早崎地先では禁止されたのであった。

ここで注目したいのは、琵琶湖で戦国時代に鵜飼漁が行なわれていたという事実である。安養寺と早崎は村が接していないので、湖面での漁と判断したが、この時代、琵琶湖周辺の河川でも鵜飼が行なわれていたことが知られている。たとえば、「多賀大社文書」の天文三年（一五三四）二月五日の六角氏奉行人連署奉書は、当時の近江守護六角氏の命を受けて出されたものだが、同社内が殺生禁断の地であったことを受けて、犬上川・多賀川での「鵜飼河狩」を、二月の初午の日から四月の祭礼日まで禁止した内容である。

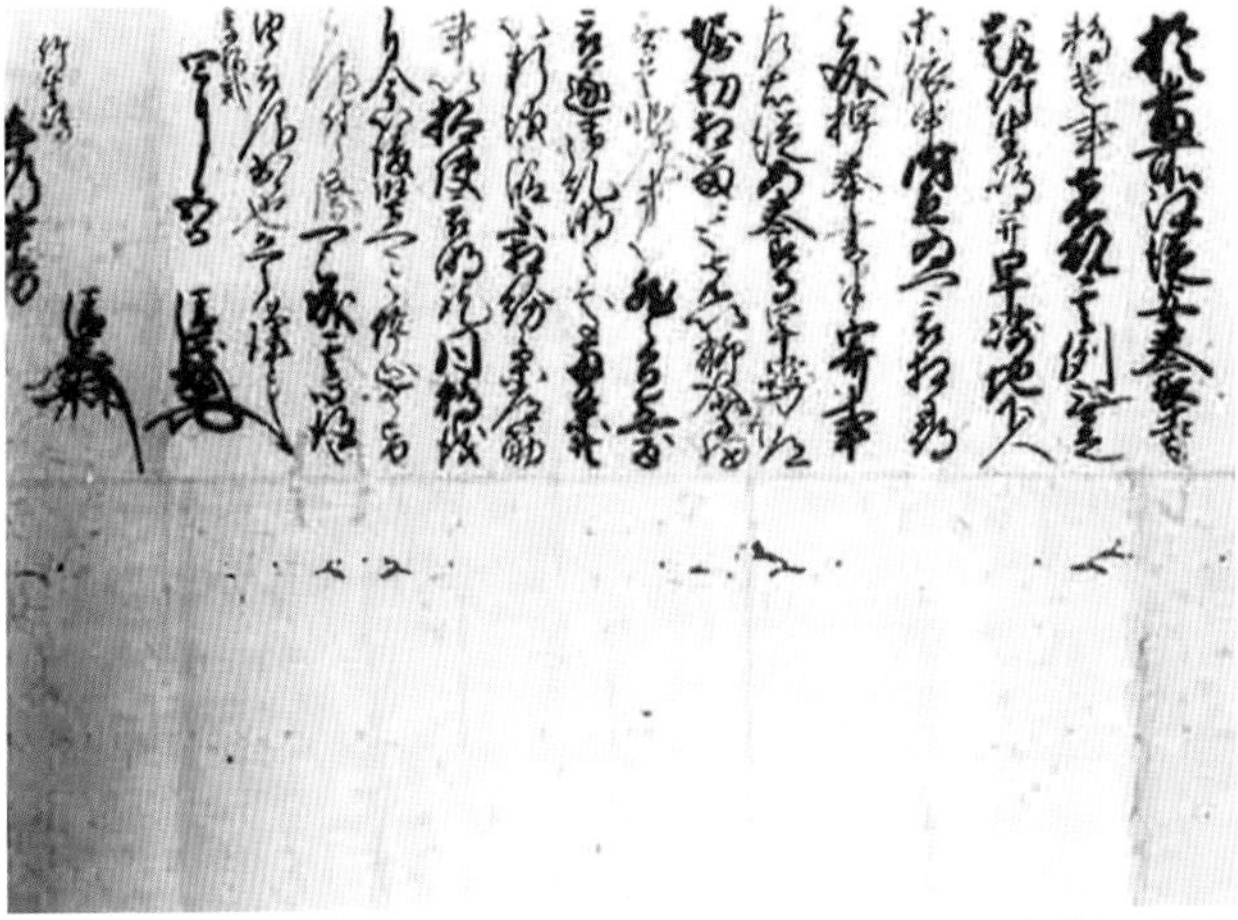

鵜飼漁について触れた京極氏奉行人連署奉書　宝厳寺（竹生島）蔵

　さらに、現在の八日市御園町付近にあった「御園中郷」惣方の地侍たちが、年未詳六月二十四日の取り決めによって、愛知川《えちがわ》での新たな「江鵜」（鵜飼漁）を禁止している文書が「御園村志賀家文書」に残っている。この中で、新たな鵜飼漁の参入が制限されている事実は、現実としては、愛知川でも鵜飼漁が行なわれていたことを物語っている。

　江戸時代に至っても、琵琶湖の河川での鵜飼漁は、高島市今津町浜分《はまぶん》に伝わる文書によって知られる。元和九年（一六二三）九月十六日、琵琶湖に流入する石田川の上流に位置した三谷村の惣中は、村人の連署状を作成し、下流の石田村（浜分村の一部）の村人が「山内之川」（石田川）で行なう鵜飼漁を保証する旨誓約している。江戸時代に至っても琵琶湖周辺の河川では鵜飼漁が行なわれていた。石田川での鵜飼漁は、江戸中期も存続したようで、享保十六年（一七三一）六月に石田村の「川中間《なかま》惣代」・「鵜中間《なかま》惣代」は、石田川を隔てて南に接する新保村（高島市今津町南新保）が、新たに鵜飼漁を行なわないよう、領主の家臣と思われる簗瀬三郎右衛門・佐藤弁左衛門へ訴え出ている。

湖国の民俗学の重鎮であった橋本鉄男氏の著書『近江の海人』によると、湖西の高島市新旭町太田には、鵜飼姓の住人がいるが、鵜飼漁に関係があったのではないかとする。さらに、橋本氏は滋賀県指定史跡の鵜川四十八体石仏群のある高島市鵜川という地名と、鵜飼漁との関連を指摘する。鵜飼で使用された鵜は、今も岐阜市の長良川で行なわれている鵜飼でもそうであるように、琵琶湖に生息するカワウではなくウミウであった。だから、鵜川という地名だけでは、単にカワウが生息する川ともとれなくない。ただ、橋本氏はこの集落と南の北小松（大津市北小松）の間を流れる川を俗に「ウコウガワ」（あるいは「ウコガワ」）と呼び、これは「鵜飼川」がなまったものではないかと述べている。とすれば、鵜川という地名も、鵜飼漁と関係づけたくなる。

また、橋本氏によれば、湖南の瀬田川に「鵜ノ瀬」と呼ばれる所があり、一方、守山市小浜《こばま》町にある滋賀県最初の干拓地は、もとは十二町歩もある「鵜飼沼」と称する

鵜飼漁　写真提供：岐阜市

湖沼だったと記す。確かに、かつての小浜村から野洲川を隔てて南にある幸津川《さづかわ》村(守山市幸津川町)の延宝九年(一六八一)船数帳に、艜《ひらた》船三十九艘、丸子船二艘の他、鵜飼船六艘が登録されている。一方、野洲川上流域の現在の湖南市には鵜飼姓が多く、全国に広がる鵜飼姓の多くが、湖南市岩根の出身と称している話も、橋本氏によって紹介されている。

　鵜飼漁は『古事記』や『日本書紀』にも記載があり、かつては日本全国で行なわれていた原始的な漁法である。今は長良川での船鵜飼が有名だが、鵜匠が歩いて鵜を使う徒《かち》鵜飼も、山梨県笛吹市の石和《いさわ》鵜飼など、現在も日本国内で行なわれている。橋本氏は琵琶湖でも徒鵜飼があったと記すが、竹生島領早崎での鵜飼は、長良川と同様に鵜匠が船に乗って鵜を使ったと推測する。鵜遣いが河川でなく湖岸であれば、当然そういうことになろう。いつか、篝火のもと、夜の船鵜飼漁が琵琶湖で再現できたら、幻想的な光景になるに違いない。

魞漁《えりりょう》

湖岸の高所から湖上を眺めると、湖中に突き出た矢印状の仕掛けを見ることが出来る。これは魞《えり》と呼ばれる、琵琶湖独自の伝統的な定置漁法で、その湖中に突き出た杭列の長さは、三十〜四十メートルに及ぶ。現在は強化繊維プラスチック製の杭と、網で作られているが、もともとは割り竹を縄で編んだ簀《す》と、それを支える竹の杭からなっていた。

矢印の長い棒の部分をワタリと呼び、魚群がここに当たると簀に従って矢印の先端に誘導される。矢印の先にはホウライ・カガミ・オボライ・コボライという囲いがあり、最終的に魚はツボに追い詰められ、ここで網により捕獲されるという仕組みである。魚は障害物にぶつかると、それに沿って移動するという特性を利用した漁法だ。以前は二月から三月に立てられ、七月末頃まで操業して、主にコアユを捕獲していた。現在は十月・十一月から操業されているが、これは漁具が改良され長寿命化したことと、ヒウオ（コアユの幼魚）も捕獲するようになったからである。

魞漁の文献上の初見は、平安末期に成立したという、曽禰好忠《そねのよしただ》作の私家集『曽丹《そたん》集《しゅう》』に載る和歌中の「ゑり」である。この歌の詞書《ことばがき》には、「中の春二月のはじめ」とあるので、魞が春の風物詩と認識されていたことが知られ、さらに平安時代からある漁法として確認できる。鎌倉時代になると、古文書でもその存在が知られる。仁治二年（一二四一）八月二十三日、現在の大嶋神社・奥津嶋神社（近江八幡市北津田町所在）があった奥島庄の領主である比叡山は、その代官である下司が、庄内に新たに「江利」を立てたことは違法で、百姓の「哀弊の源」になる行為だと断じた。

　これは、同社の文書に残る下文《くだしぶみ》から知られるが、続いて同社に伝わる永仁六年（一二九八）六月四日の起請文によると、同社の神官と奥島庄の村人は、隣の津田中庄（近江八幡市中之庄町）の庄官・村人によって「江入」を切り捨てられたと比叡山に訴えた。この「江入」は、当社の供物とする湖魚を捕獲するため設けられていたものとある。本書の中で、両社の神官・村人たちは、この訴えを起した奥島庄内の団結を乱し、隣村に与《くみ》し裏切り行為となる「返り忠」

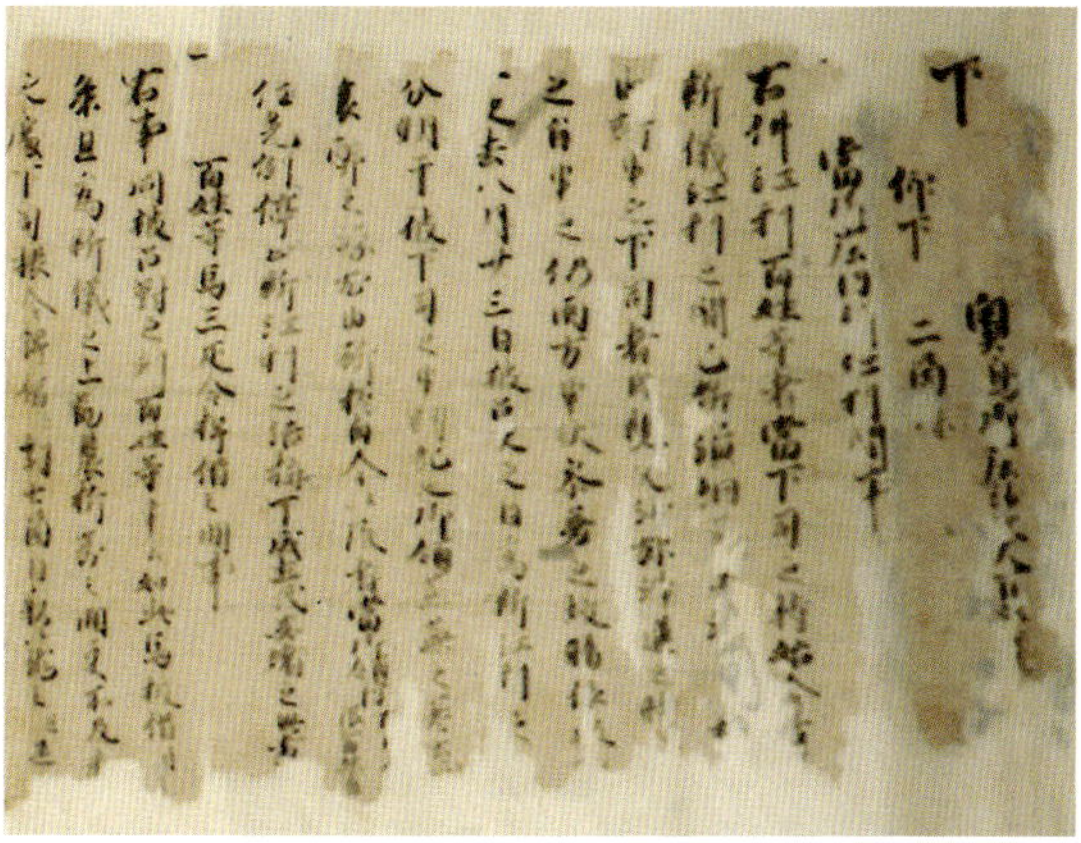

「江利」の文字が見える仁治２年の下文
滋賀大学経済学部附属史料館保管　大嶋神社・奥津嶋神社蔵

魞漁　写真提供：滋賀県

を行なう者があれば、当地を追放し罪科に処すると述べている。さらには、村人の名前を列記し、誓約書が付随した連署状まで作成している。

同社文書には、康永元年(一三四二)二月、津田中庄の孫三郎が「恵利」を切ったことを記録した文書、延文四年(一三五九)十二月二十六日に、宗然なる人物が「ゑり」を、神社へ寄進した文書も残っている。当時の魞は神社への供物を得るため設置された場合もあったようで、この供物をめぐる争いは、浅井郡大浦(現在の長浜市西浅井町大浦)でも、室町時代に発生していた。

寛正四年(一四六三)九月二日、大浦下庄七ヶ村の百姓等は、昔からこの地の五所・八幡両宮(現在の八田部五社神社・大浦八幡神社)の神事に奉納する魚を取る「ゑり」を、代官の松平益親が押領《おうりょう》していると、領主日野家へ訴えを起した。「ゑり」で獲った魚を鮨《すし》にして、村人から二・三十人の人夫を徴用し、京都へ送っているという。人夫に使われる百姓の苦労は計りがたく、さらに八幡宮への供物奉納も途絶えていると記す。

これに対し、代官松平益親は、翌年四月の陳状でこう答える。大浦の「ゑり」は昔から代官が所有してきたものである。ここから獲れる魚が、五所・八幡両宮に奉納される供物だというなら、その証拠を出すべきで、隣の塩津庄などを見ても、「ゑり」を百姓が所有している例などない。また、「ゑり」を立てるために材料代がかさむと百姓等は訴えるが、一度竹や簀を造れば、四・五年は持つので、百姓の負担になる訳はない。また、この「ゑり」は他の魞に比べて漁獲量も少なく、一年に百から二百匹ほどしか京都に上せていない。二・三十人の人夫が徴用されているというのは、人数が過多で事実無根な話である。

この徳川家康の遠祖に当たる松平益親は、三河国から遥々やってきて大浦庄の代官を務めていた。故郷にはない、この漁法に興味津々だったかもしれないが、その主張の正否は領主の判決が残らない、今となっては判然としない。しかし、少なくとも室町時代には大浦庄や塩津庄など、琵琶湖最北でも魞漁が盛んだったことは確認できる。なお、この漁法に魞の字があてられるのは、戦国時代からで、それまでは上記のように「江利」・「江入」・「恵利」・「ゑり」など様々であった。

魞は、全国漁港魚場協会が選ぶ「未来に残したい漁業漁村の歴史文化財産百選」の一つになっている。その形状や由緒から言っても、琵琶湖を代表する漁法と言えよう。

簗漁《やなりょう》

簗《やな》は琵琶湖に流入する河川に設置される定置漁具である。川を上る魚を対象とするノボリヤナと、下る魚を獲るクダリヤナがあるが、琵琶湖周辺で行なわれているのはノボリヤナが大半で、高島郡を含めた北湖で見られるのも特徴である。このノボリヤナにも数種類あるが、高島郡ではカットリヤナ、姉川ではヨツデヤナ・アンドンヤナが見られる。

前者は、現在、安曇川・知内川・石田川などで行なわれているが、構造は川を横切って扇状に杭を打ち、杭にそって土俵・土のうなどを置き、水流を川の両岸に行くように調整する。魚は水が多い方に向かって遡上する習性があるので、琵琶湖から上って来た魚は、自然と両岸に引き寄せられる。この川の両岸に、カットリグチという魚を獲らえる装置があって、そこに落ちた魚を網ですくうというものだ。姉川のヨツデヤナやアンドンヤナは、簗によって魚を川の中央に集め、そこで四ツ手網や行灯に似た方形の網ですくうものである。

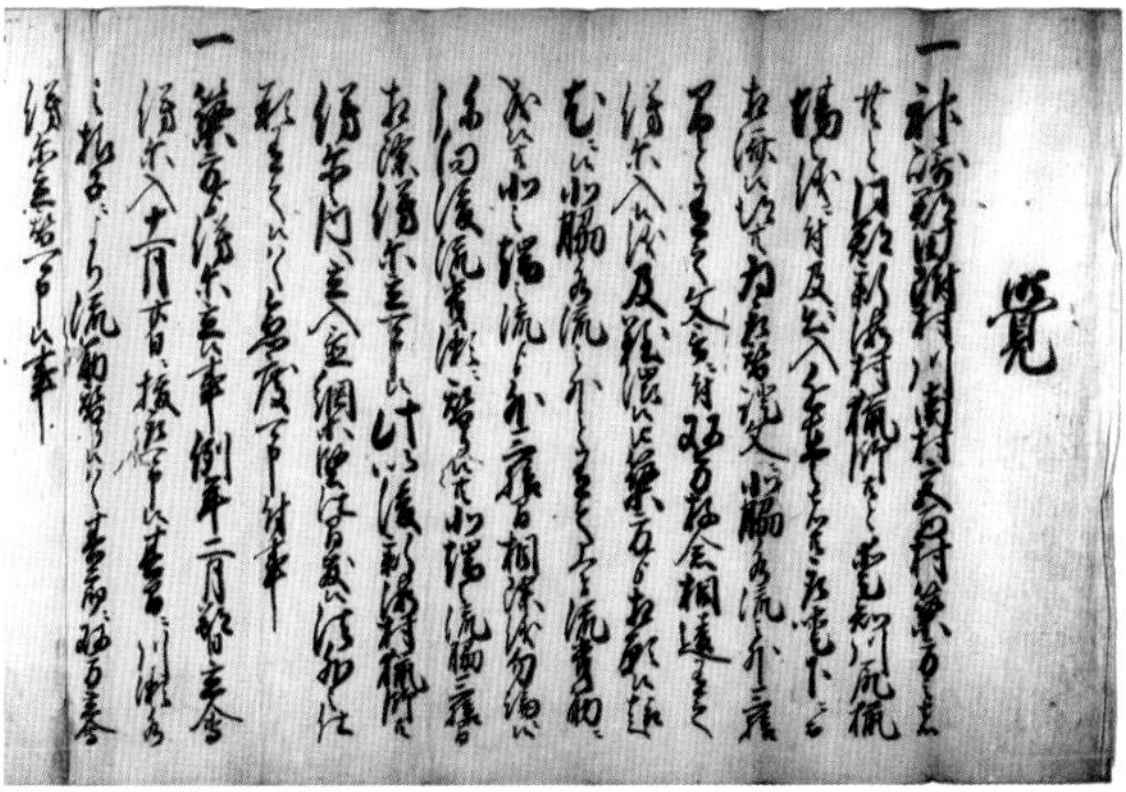

享保14年の愛知川簗に関する判決
提供：彦根市教育委員会文化財課歴史民俗資料室

琵琶湖における簗漁は、古代から行なわれていたと推定されるが、明確な史料が残っているのは平安時代末から鎌倉時代である。安曇川は高島市内を朽木谷から北船木の河口へ流れる河川であるが、ここには平安後期以来、加茂別雷社《かもわけいかづちしゃ》、つまり上加茂社に贄《にえ》(魚)を備進する安曇川御厨が設置されていた。元暦《げんりゃく》元年(一一八四)十一月には、加茂別雷社の御厨に贄を備える供祭人《ぐさいにん》(贄を備進する漁人)が、安曇川で排他的な漁を認められていたにも関わらず、近くの河上庄(同市今津町)や善積庄(同)が妨げをすると訴え、十二月二十九日に狼藉を排する旨の通達を朝廷から受けている。

それ以降、加茂別雷社は簗を主体とする川漁は、流域の庄園の管轄ではなく、すべて御厨の管轄であることを主張し、船木浜にいた同社の供祭人らは排他的な漁を行なっていく。しかし、貞永元年(一二三二)五月三日、比叡庄(同市新旭町内)内で船木浜の供祭人が簗漁をしていた所、比叡庄の住人と見られる吉直が、川尻に簗を設けてしまった為に、より上流での簗漁が無意味になってしまった。ここで、川の下流に簗が設置されたことで、上流の簗が機能しなくなったことが問題になっており、鎌倉時代に設置されていた安曇川の簗が、現代と同じノボリヤナであったことが分かる。

加茂別雷社の権利を認める朝廷からの命が度々出されたにも関わらず、吉直は無視して漁を続け、供祭人らと喧嘩に及んだので、同年六月三十日に、加茂別雷社は吉直の逮捕監禁を訴え認められている。この他、中世においては、野洲川にも御上《みかみ》神社や兵主《ひょうず》大社の簗が設置されていたことが知られている。

簗漁をめぐるトラブルは、遙かに下った江戸時代においても、琵琶湖の周辺で頻発した。その一例を、神崎郡の愛知川河口の例で追ってみよう。享保十二年（一七二七）、愛知川の右岸である田附村（彦根市内）と、左岸の川南村・宮西村（東近江市内）は、渇水時に上流への魚の遡上が減り、簗漁が立ち行かなくなったので、右岸河口の村である新海村（彦根市内）の漁場を変更するように訴えた。これより前、彦根藩は上流への「魚附」をよくするため、川底の浚渫《しゅんせつ》を指示した上で、新海村の簗漁の範囲を、水流の北端から三十間と定め、前年三月には一応の決着をみていた。

しかし、川は渇水時と増水時で水量が異なり、水流の北端の位置が変化してしまう

安曇川（高島市）の簗漁　写真提供：滋賀県

ので、目印の立て方の解釈が異なり、翌四月になって双方が再び争いになったのである。翌々年の享保十四年に出された彦根藩の判決によれば、水流の北端から三十間を新海村の漁場とし傍示《ぼうじ》を立て、そこから南へは新海村の漁人が立ち入らないことを確認。さらに、毎年二月一日に傍示を立て、十一月二十日をもって抜くこととし、川筋に変化が生じた時は、双方立会の上傍示を打ち替えることを指示している。ここで、最も下流の新海村の川の独占が問題視されているので、愛知川の簗がノボリヤナであったことが知られる。

簗漁は、琵琶湖を彩る風物詩として、前項で記した「未来に残したい漁業・漁村の歴史文化財産百選」に、魞《えり》漁と共に選ばれており、近江を代表する漁と言えよう。簗の観光での活用も視野に入れながら、この特徴ある漁法の保存と技術の伝承が望まれる。

《附》長浜市指定文化財『年々萬日記』

所蔵者　横井誠一（木之本町山梨子）
時代　元文三年（一七三八）～安永四年（一七七五）
法量　タテ　一〇・四センチ×ヨコ　二一・四センチ
　厚　四・〇センチ
形状　半横帳　列帖装　表紙共一五六葉（墨付一三六葉迄）
料紙　楮紙

伊香郡山梨子村の横井孫右衛門が、江戸時代中期、地元での出来事や近在の風聞などについて書き記した留書である。年の内で記事の月に前後があり、日を追って書き継がれたものではなく、別帳がありそれを本書にまとめ直したものとみられる。内容は、次のように大別できる。

①一年間の気象・天候の移り変り。雨・風・雪の量など。
②それにともなう、災害・事故の記録。がけ崩れなど。

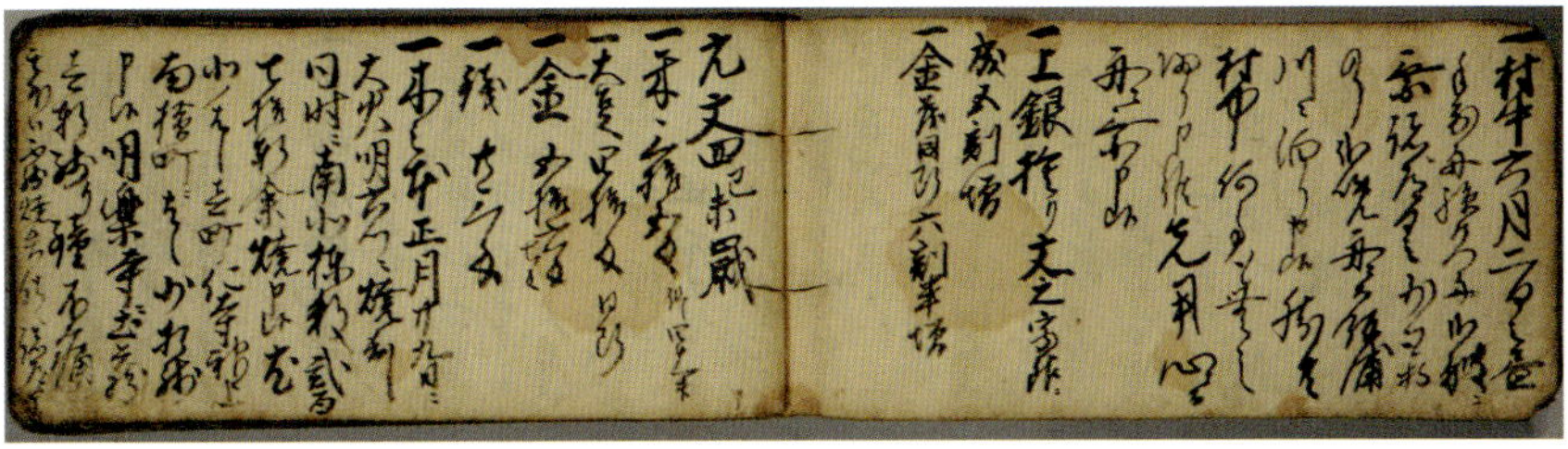

年々萬日記　横井誠一氏蔵

③木之本明楽寺など、真宗大谷派に関すること。建造物の修築、宗主の江戸下向など。

④毎年の金・銭の銀への交換相場。米・大豆・小豆・塩の相場。

⑤山梨子船をはじめ、琵琶湖の船舶の運航・荷積・遭難・事故などについての記事。

⑥木之本地蔵に関すること。本堂の再建、開帳など。

⑦木之本近在や近江国内で起きた出来事・事件・事故・火事・強盗など。

⑧朝廷・幕府や彦根藩に関すること。巡見、公儀からの触、公儀への届など。

⑨横井家の出来事。屋根の葺替、畳替など。

以上のように多岐にわたる。このような本書が、歴史資料として貴重な価値を持つ点をまとめれば、以下のようになろう。

ａ毎年の金銀銭の交換相場や、米の相場を記載していることは、湖北における江戸中期の経済事情の基礎資料となる。

ｂ木之本付近の事件・事故について触れている事実は、地域史の基本資料として高く評価すべきである。たとえば、元文四年（一七三九）・寛保四年（一七四四）の木之本大火の焼失範囲などは、本資料によって明確になる。

ｃ山梨子は、船への物資の積み出し港として栄えたため、本資料には琵琶湖上の船舶に関する記事が大変多い。船舶事故の処理方法など、他の文書からはあまり知り得ない記事が多く、琵琶湖の舟運史において資するところ大といえる。

ｄ本資料の気象・天候に関する記述は、農作業にともなう関心はもちろんであるが、特に船舶運航への配慮があったからこそ、これだけ詳細なものになったと考えられる。当時の民衆の気象・天候に対する知識について知り得る資料といえる。特に、琵琶湖の水位を測る「広屋の大石」の記述は興味深い。

ｅ本書で使われる用語には、当地独自の言葉も含まれており、消え行きつつある方言の研究に、大きな成果を与えるであろう。たとえば、多く登場する「ひやらし」（大風でないのに波が高くうちよせること）などは、現在ほとんど使われることがなく、本書の用例は極めて貴重といえる。

江戸時代の庶民の日記の類は大きく分類すると、公儀からの触の記録を中心とした庄屋公用日記と、金銭支出帳や農事日記などを基本とした私用日記に分けられるだろう。横井家は庄屋をつとめたこともあるが、本書は庄屋としての職務上から記録されたものではなく、あくまで私用日記の延長上で考えられるべきである。それは、本文中に「委細ハ庄屋方帳面ニ付《つけ》御座《ござ》候《そうろう》」とあり、庄屋公用日記が別に存在したらしいことでも裏付けられる。

しかし、その内容は単に自家の出来事や農事日記にとどまるものでなく、付近の災害・事件・事故などの社会事象や経済動向など地域の広い事項について触れている。特に、同家が舟運にかかわっていたことから、琵琶湖の船舶事情に関する記事が多いのは、本書を最も特徴づけていることであろう。長浜市域の郷土資料として、貴重なことはもちろん、江戸時代の民衆資料として、学際的研究が可能である記録といえる。

あとがき

本書は、叶 匠壽庵が平成二十四年六月に創刊した季刊誌『烏梅《うめ》』に、創刊号から第二十四号（VOL24、平成三十年二月刊）まで、琵琶湖の歴史をテーマに連載した論稿を一冊にまとめたものである。平成八年のNHK大河ドラマ「秀吉」にあわせて長浜で開催された「北近江秀吉博覧会」の総合プロデューサーだった、金沢市の出島二郎さんのお誘いで連載を始めたものだ。出島さんはこの雑誌の創刊時、叶 匠壽庵の経営勉強会を催し、共同研究を通して『烏梅』の発刊に尽力された。

出島さんは、「北近江秀吉博覧会」の時から若輩の私に目をかけて頂き、講演の場で、あるいは酒宴の場で、親しく近江の歴史や文学の話をして頂いた。私の一方的な理解だが、組織人はその外から、物事を考える視点が必要だということを教えて頂いた。組織の論理のみでなく、そこから少し離れて社会全体の動向を追う。あるいは「流行」ではなく「不易」を追うことで、かえって組織の力となる。そんなことを教わった。実は、出島さんの言葉としては、もっともっと過激なのだが、「穏便な私」にはとても書ける話ではない。

出島さんは文章に敏感だった。「太田さんは《ですます調》を上手に書くね！」と言われたことがある。《ですます調》と《である調》で書き方が変わるのだ、と書いた本人も気がつかないことを指摘してくれた。私から言わせれば、出島さんは抒情的な詩人でもあり、歴史や物事を感性でとらえるタイプで、そこが自分とは違った。私は普段、文章には感性を排し、客観的な記述に徹しているつもりである。感想を書かないことが、美徳だと思っている。しかし、この連載では逆に、自分の感性を入れた締めくくりを書いた。そして、全体に気取った雰囲気を出したつもりである。出島さんの詩情に満ちた文章に、少しだけ近づきたいと思ったからだ。しかし、目論見だけに終わっているかもしれない。

三ヶ月に一回の連載はつらかった。すぐに〆切の期日がくる。展覧会に追われていても、書かなければならない。時には大いに遅れ、写真も叶　匠壽庵の編集担当者に撮影して頂くこともあった。その担当者である篠原太幸さんと池田典子さんには、大変お世話になった。篠原さんの厳しい催促と、出来立ての誌面と共に送られる池田さんからの温かい手紙がない限り、二十四回の連載は続かなかったと思う。

コラムとして章間に入れたのは、琵琶湖岸にある伊香郡山梨子村（長浜市木之本町山梨子）の記録『年々萬日記』から分かる、琵琶湖の舟運に関する論稿である。古文書の調査報告書に掲載したという形態から、これまでほとんど世間の目に触れてこなかったので、かなり加筆・修正する形で本書に再掲させて頂いた。本書が、類書が多い琵琶湖史の中で、少しでも新たな頁を書き加えられれば、出島さんへの恩返しとなると思う。さらには、私にとっての第二の故郷・近江への返礼となるだろう。

平成三十年五月吉日

太田浩司

参考文献一覧

東幸代「近世における琵琶湖舟運の構造」（『市場史研究』二九、二〇一〇年）
伊賀敏郎『滋賀県漁業史』上（概説）・下（資料）（滋賀県漁業協同組合連合会　一九五四年）
太田浩司「琵琶湖の港「朝妻」のたどった歴史」（別冊『歴史読本』81、二〇〇四年）
滋賀県教育委員会・（財）滋賀県文化財保護協会『多景島湖底遺跡Ⅰ』（一九八三年）
滋賀県立安土城考古博物館・長浜市長浜城歴史博物館『琵琶湖の船が結ぶ絆―丸木船・丸子船から「うみのこ」まで―』（二〇一二年）
滋賀県立琵琶湖文化館『琵琶湖の魚と漁具・漁法』（滋賀県立琵琶湖文化館、二〇〇〇年）
城郭懇話会『近江佐和山城・彦根城』（サンライズ出版、二〇〇七年）
市立長浜城歴史博物館『みずうみに生きる―琵琶湖の漁撈と舟運―』（一九八九年）
杉江進『近世琵琶湖水運の研究』（思文閣出版、二〇一一年）
中井均「佐和山城と城下町の構造―大手を考える―」『織豊期城郭研究会2018特別研究集会　豊臣の城からみた佐和山城』（織豊期城郭研究会、二〇一八年）
萩原龍夫『湖北大浦の舟浦争論』上・下（『近江地方史研究』17・18　一九八三年）
橋本鉄男『近江の海人』（第一法規出版株式会社、一九八二年）
彦根市『新修彦根市史』第二巻　通史編　近世（二〇〇八年）・第七巻　史料編　近世2（二〇〇四年）
琵琶湖汽船株式会社『琵琶湖汽船百年史』（一九八七年）
MIHO MUSEUM『かざり―信仰と祭りのエネルギー―』（二〇一六年）
母利美和『彦根三湊・大津百艘船舟積争論の展開と彦根藩（一）』（『彦根博物館　研究紀要11』、二〇〇〇年）
用田政晴『信長　船づくりの誤算―湖上交通史の再検討』（サンライズ出版、一九九九年）

＊本書は「あとがき」でも記したように叶匠壽庵の季刊誌『鳥梅』の創刊号（二〇一二年六月一日）から、第二十四号（二〇一八年二月一日）に掲載された連載をまとめたものである。また、章間のコラムは『「年々萬日記」にみる琵琶湖の舟運』（木之本町教育委員会『木之本町文化財調査報告集第2集　木之本の文化財（古文書編Ⅱ）一九九四年）に掲載されたものである。『年々萬日記』の全文は、コラム掲載分が載る報告書と、木之本町教育委員会『木之本町文化財調査報告集第1集　木之本の文化財（古文書編Ⅰ）一九九三年）の二冊に掲載されている。この二冊の閲覧は、滋賀県立図書館で可能である。

お世話になった方々（掲載順）

長浜市長浜城歴史博物館
彦根城博物館
高島市
大津市歴史博物館
丸亀市立資料館
滋賀県教育委員会
彦根市立図書館
滋賀県立安土城考古博物館
北淡海・丸子船の館
寿福滋
高島市教育委員会
長浜市西浅井町菅浦自治会
滋賀大学経済学部附属史料館
徳源院（米原市）
辻村耕司
佐々木洋一
片山勝
近江八幡市史編纂室
滋賀県農政水産部水産課
宝厳寺（竹生島）
岐阜市
大嶋神社・奥津嶋神社
彦根市教育委員会
彦根市柳川自治会
横井誠一

《特別協力》
株式会社　叶 匠寿庵

■著者略歴

太田浩司（おおた・ひろし）　長浜市　市民協働部　学芸専門監

昭和36年10月、東京都世田谷区生まれ。昭和61年３月、明治大学大学院文学研究科（史学専攻）博士前期（修士）課程修了。専攻は、日本中世史・近世史。特に、国宝「菅浦文書」や、戦国大名浅井氏に関する研究を行なう。昭和61年４月から市立長浜城歴史博物館（現在は長浜市長浜城歴史博物館）に学芸員として勤務。担当した展覧会は、特別展『石田三成　第２章―戦国を疾走した秀吉奉行―』（平成12年）、特別展『戦国大名浅井氏と北近江』（平成20年）、NHK 大河ドラマ特別展『江～姫たちの戦国～』（平成23年）など多数。著書に『テクノクラート小堀遠州』（サンライズ出版）、『近江が生んだ知将　石田三成』（サンライズ出版）、『浅井長政と姉川合戦』（サンライズ出版）がある。平成23年 NHK 大河ドラマ「江～姫たちの戦国～」では、時代考証スタッフをつとめた。平成26年４月から、長浜市長浜城歴史博物館の館長を３年間勤める。市民協働部　次長を経て、平成30年４月から現職。

湖の城・舟・湊　―琵琶湖が創った近江の歴史―

2018年６月20日　第１刷発行

著　者　太 田 浩 司

発行者　岩 根 順 子

発行所　サンライズ出版株式会社
〒522-0004 滋賀県彦根市鳥居本町655-1
電話 0749－22－0627

印刷・製本　シナノパブリッシングプレス

ISBN978-4-88325-642-6　Printed in Japan　定価はカバーに表示しています
乱丁・落丁本はお取り替えいたします。